POCKETBOOKS

MANGA zeichnen

GESICHTER, EMOTIONEN & FUNKELNDE AUGEN

CHIANA

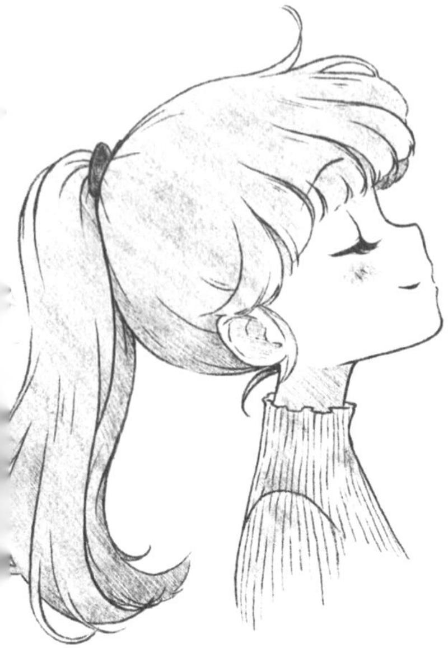

ZEICHEN-GRUNDLAGEN

BEISPIELE UND INSPIRATION

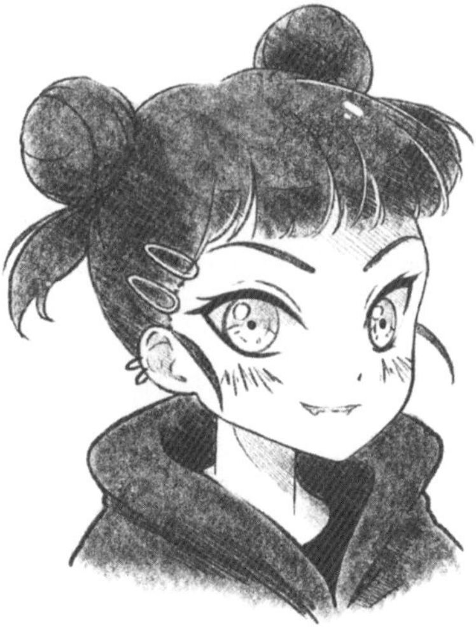

SCHRITT FÜR SCHRITT-ANLEITUNGEN

VORWORT

Hi, ich bin Chiana! In diesem Buch der Reihe „Pocketbooks Manga zeichnen" lernst du alles rund um das Thema GESICHTER, EMOTIONEN und typische Manga-BILDSPRACHE wie funkelnde Augen. Es ist der perfekte Start, wenn du gerne mit dem Manga-Zeichnen beginnen möchtest, denn Schritt für Schritt wirst du an alle Themen langsam herangeführt.

Dieses Buch ist wie ein klassisch japanischer Manga-Comic aufgebaut: Das siehst du nicht nur an der Größe, sondern auch bei der Leserichtung von rechts nach links und daran, dass er in Schwarz-Weiß gehalten ist. Es reiht sich also problemlos in deine Manga-Sammlung ein.

Neben einer kurzen Einführung zum Material umfasst dieses Buch drei Kapitel: Im ersten Kapitel lernst du die ZEICHENGRUNDLAGEN rund um Manga-Gesichter. Im zweiten Kapitel findest du sechs SCHRITT-FÜR-SCHRITT-ANLEITUNGEN zum Nachzeichnen. Der dritte Teil umfasst schließlich eine kleine Sammlung an BEISPIELEN UND INSPIRATIONEN, auf die du immer wieder zurückgreifen kannst.

Ich wünsche dir ganz viel Spaß mit diesem Buch! Chiana

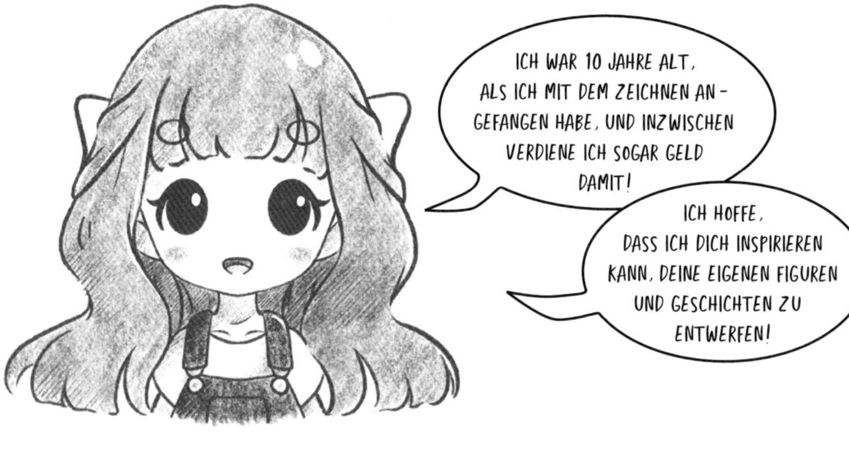

MATERIAL

Da es in diesem Buch hauptsächlich darum geht, wie du Charaktere in Schwarz-Weiß zeichnest, brauchst du gar nicht viel Zeichenmaterial: Es reichen ein Bleistift, ein Radiergummi, ein Blatt Papier und eventuell noch ein Lineal oder ein Geodreieck. Hier sind noch ein paar weitere Tipps, auf die du bei deiner Materialauswahl achten solltest – vor allem, wenn du darüber hinaus auch weitere Medien ausprobieren möchtest!

BLEISTIFT

Grundsätzlich funktioniert jeder Bleistift, den du bereits zu Hause hast. Am besten eignen sich allerdings Bleistifte der Stärke HB oder B. Auch Druckbleistifte können praktisch sein, da sie nicht angespitzt werden müssen. Achte generell beim Zeichnen darauf, dass du nicht zu stark aufdrückst, damit du die Linien auch wieder wegradieren kannst.

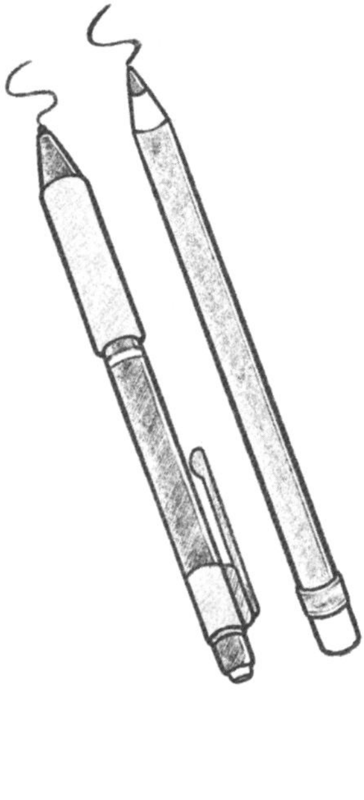

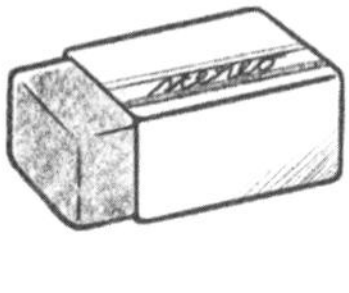

RADIERGUMMI

Da nicht jeder Strich sofort perfekt sitzt, ist ein Radiergummi immer ein hilfreicher Begleiter. Er sollte nicht zu hart sein, damit dein Papier beim Radieren keinen Schaden nimmt. Für kleine Details sind auch Radierstifte praktisch: Sie funktionieren ähnlich wie Druckbleistifte, nur dass ihre Mine ein Radiergummi ist.

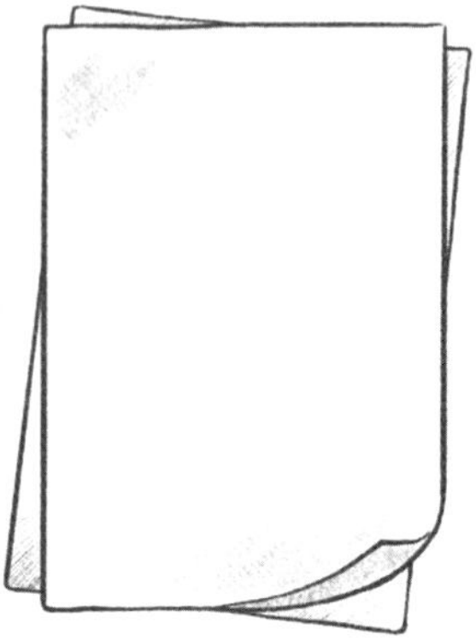

PAPIER

Ganz normales Kopierpapier ist prima zum Skizzieren. Für Zeichnungen, die du ausarbeiten willst, ist etwas dickeres, glattes Papier angenehmer, da sich darauf die Bleistiftlinien leichter ziehen lassen.

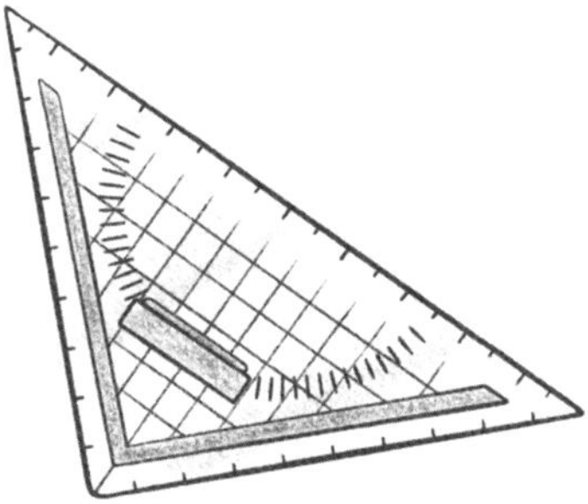

LINEAL/GEODREIECK

Für Hilfslinien ist ein Lineal oder ein Geodreieck nützlich – auch, wenn es darum geht, Abstände zu messen. Wenn du gerade keins zur Hand hast, kannst du aber auch die Kante eines Buches oder eines anderen geraden Gegenstandes nehmen.

FINELINER

Wenn du möchtest, kannst du deinen Skizzen mit einem Fineliner Outlines geben. Dieser sollte idealerweise wasserfest sein und nicht verwischen. Experimentiere auch mit verschiedenen Farben. Braune Outlines zum Beispiel können auch einen tollen Effekt haben.

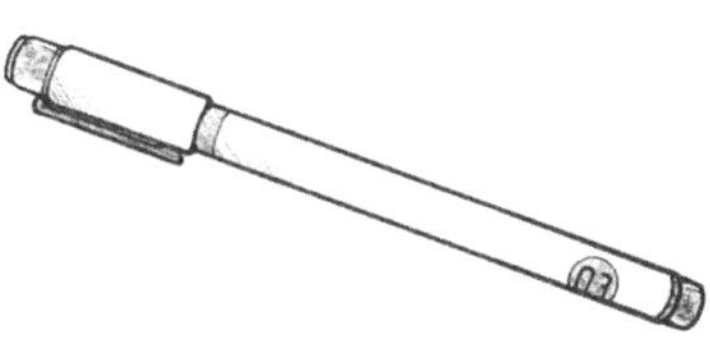

WEITERE FARBEN

Generell kannst du alles an Farben benutzen, was du möchtest: Alkoholmarker oder Aquarellfarben sind zum Beispiel bei vielen Künstler:innen sehr beliebt.
Lass dich hier am besten im Kunstbedarf beraten und teste verschiedene Materialien, um herauszufinden, was für dich am besten geeignet ist.

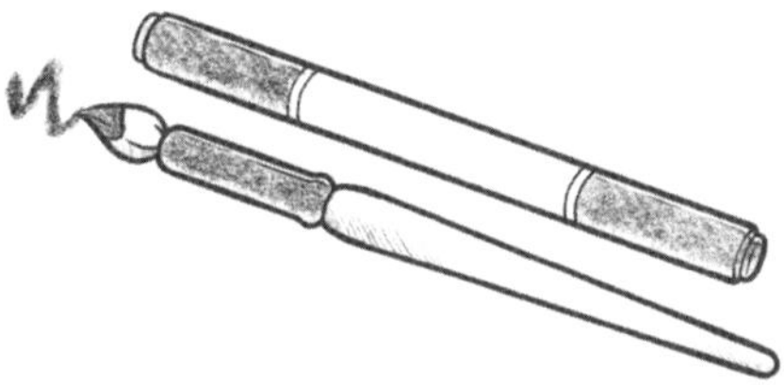

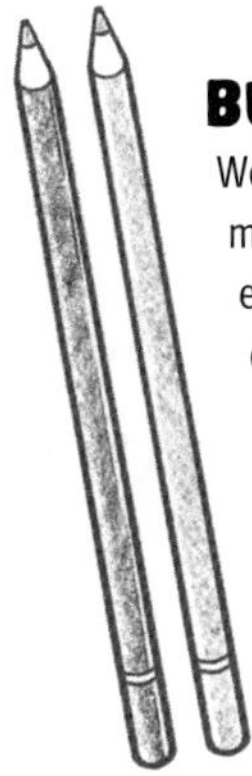

BUNTSTIFTE

Wenn du mit Farben arbeiten möchtest, kannst du zunächst einmal Buntstifte benutzen, denn die hast du wahrscheinlich schon zu Hause. Wenn du dir welche besorgen möchtest, achte am besten darauf, dass sie nicht zu blass sind, sondern eine hohe Leuchtkraft besitzen.

DIGITALES ZEICHNEN

Für digitales Zeichnen benötigst du ein Tablet mit einem Stift, das du entweder an einen Computer anschließt oder eigenständig benutzen kannst. Dazu kommt dann noch eine Zeichensoftware. Das digitale Zeichnen bietet einige Vorteile, wie zum Beispiel die Funktion des Rückgängig-Machens, aber auch hier benötigst du einiges an Wissen und Übung, um richtig damit umgehen zu können.

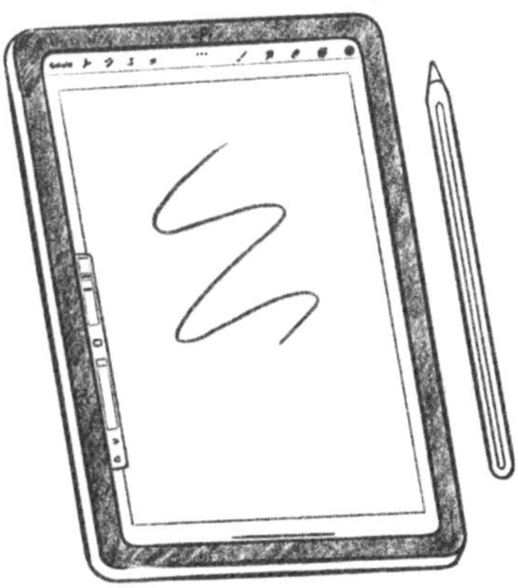

1

ZEICHEN-GRUNDLAGEN

Bevor wir ins Thema einsteigen, müssen wir uns zunächst mit den Grundlagen des Zeichnens befassen. Der Manga-Stil hat einige Besonderheiten, etwa die typischen großen Augen und eine besonders ausdrucksstarke Formensprache. Aber auch hier gilt: Um ein stimmiges Bild aufs Papier zu bringen, sind einige Grundkenntnisse erforderlich.

Bevor du dich also im zweiten Kapitel an den Schritt für Schritt Anleitungen versuchst, solltest du dir die Erklärungen in diesem Kapitel durchlesen und selbst einmal ausprobieren. Denn mit ein bisschen Übung sehen deine Kunstwerke schon ganz anders aus und das Zeichnen macht gleich doppelt so viel Spaß.

FRONTALANSICHT

Als erstes schauen wir uns an, wie man ein Gesicht von vorne (in der sogenannten Frontalansicht) zeichnet. Das ist der erste Schritt auf deinem Weg zum Zeichnen im Manga-Stil und keine Sorge, es ist eigentlich gar nicht so schwierig. Also schnapp dir Stift und Papier und los geht's!

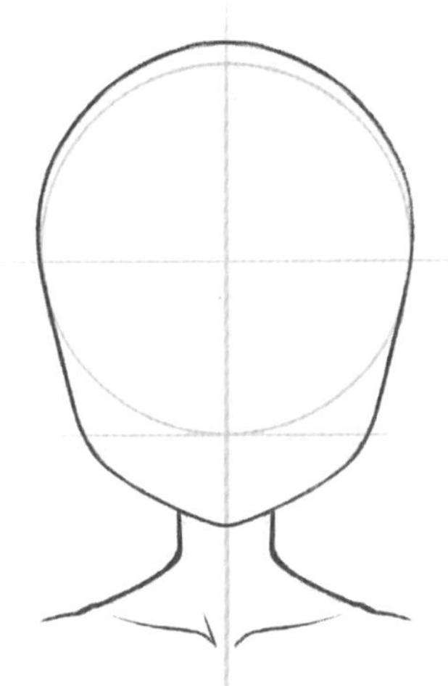

SCHRITT 2 Von den Seiten des Kreises aus ziehst du als nächstes einen Strich leicht schräg nach unten, bis du an der Hilfslinie angelangt bist. Von dort aus führst du ihn in einem leichten Bogen zur Mittellinie, wo sich die Linien am Kinn treffen. Zwei relativ gerade Linien nach unten bilden den Hals der Figur, der dann in die Schultern übergeht.

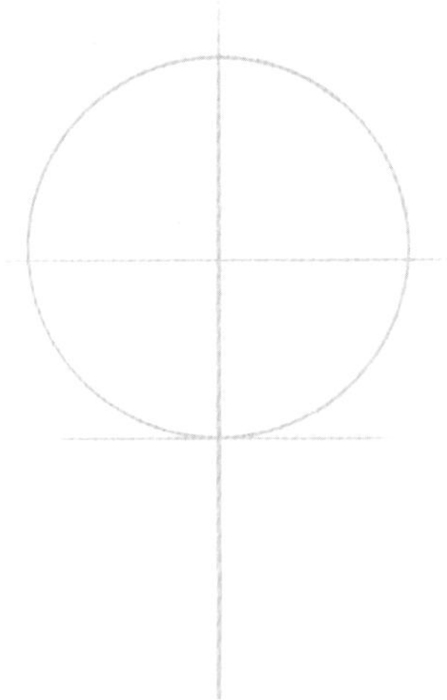

SCHRITT 1 Beginne damit, dass du einen Kreis auf dein Blatt Papier zeichnest. Ein Kreuz in der Mitte und eine weitere Linie unterhalb des Kreises dienen uns als Hilfslinie. Achte darauf, dass die Seiten links und rechts von deiner Mittellinie gleich groß sind.

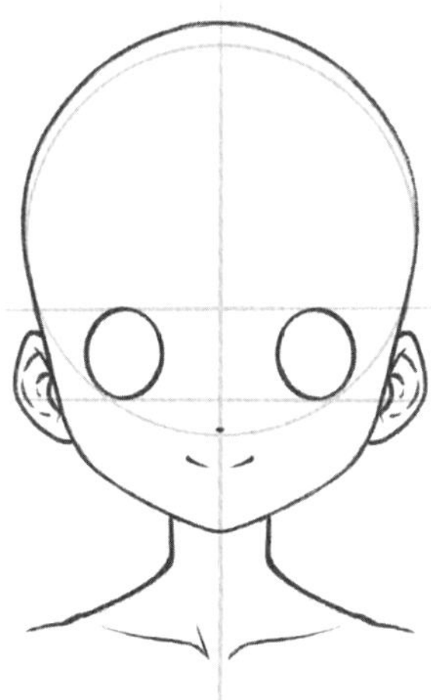

SCHRITT 3 Die Augen befinden sich ungefähr in der Mitte des Kopfes, tendenziell aber etwas niedriger – ziehe dir hier zwei weitere Hilfslinien, damit beide Augen auch gleich groß werden. Zeichne nun in jede Gesichtshälfte zunächst einen Kreis, der die Iris darstellen wird. Für die Nase genügt ein kleiner Punkt auf der Mittellinie; der Mund befindet sich dann in der Mitte zwischen Nase und Kinn und wird als leicht geschwungener Strich dargestellt.

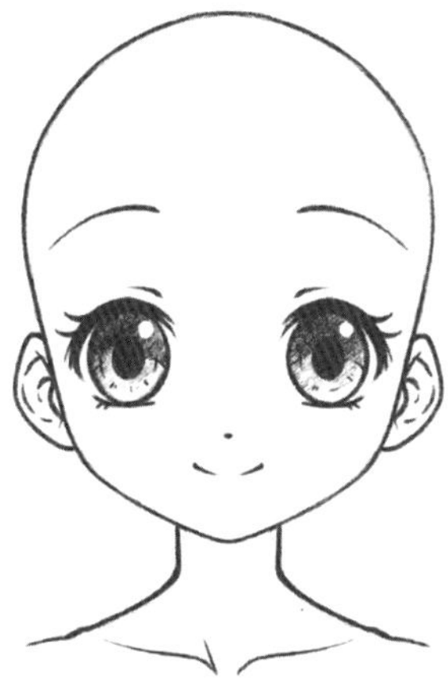

SCHRITT 4 Aus den Kreisen werden jetzt richtige Augen, indem du jeweils einen Bogen oberhalb – und einen unterhalb des Auges zeichnest und dann Pupille und Lichtreflexe einfügst. Vergiss auch nicht die Lidfalte und die Augenbrauen. Eine noch genauere Anleitung findest du auf Seite 24.
Die Ohren beginnen auf Höhe der Augen und enden auf Höhe der Nase. Zeichne dafür halbkreisförmige Bögen an beide Seiten des Kopfes.

TIPP

Wenn zwischen beide Augen ein weiteres Auge genau reinpasst, ist der Abstand perfekt!

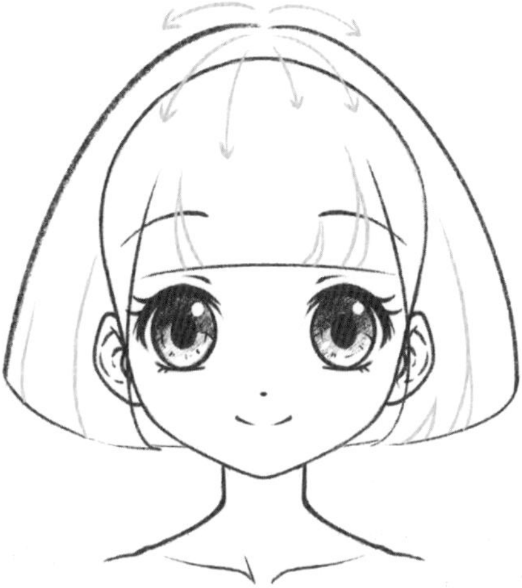

SCHRITT 5 Für die Haare wird zunächst deren grobe Form eingezeichnet. Überlege dir dabei, aus welchen Bestandteilen die Frisur besteht (zum Beispiel Pony, Haarpartie links, Haarpartie rechts) und von wo aus die Haare über den Kopf fallen. Gib außerdem genug Volumen zur Kopfform hinzu, damit die Haare nicht platt am Kopf kleben.

SCHRITT 6 Jetzt werden die Haare ausgearbeitet, indem du die groben Partien in einzelne, unterschiedlich dicke Strähnen unterteilst. Dann kannst du außerdem noch ein paar Schattierungen andeuten, zum Beispiel unter dem Kinn oder dem Pony. Kleine Linien auf den Wangen deuten ein leichtes Erröten an und lassen deine Figur noch niedlicher wirken.

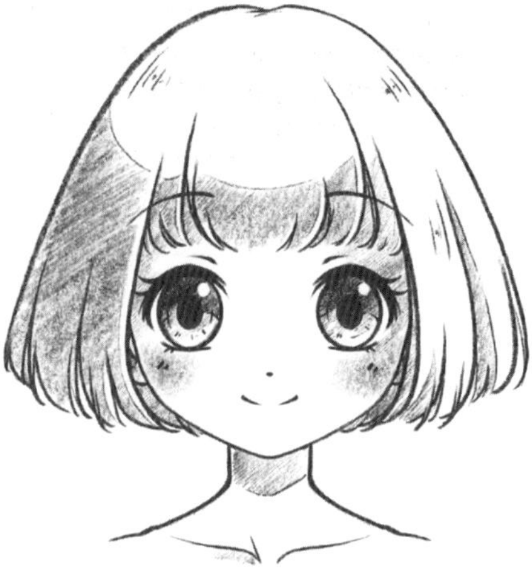

PROFIL

Die Seitenansicht, auch „Profil“ genannt, ist eine weitere wichtige Darstellungsweise von Charakteren. Da man hier die Neigung des Kopfes nach oben oder unten gut erkennen kann, eignet sie sich auch prima für das Darstellen von Emotionen.

SCHRITT 1 Den Anfang bildet wieder ein Kreis mit einem Kreuz durch die Mitte. An das linke untere Viertel kommt dann eine Spitze, an der sich später das Kinn orientiert. Auch der Hals kann schon angedeutet werden, dieser verläuft leicht schräg und gerade vom Kinn weg.

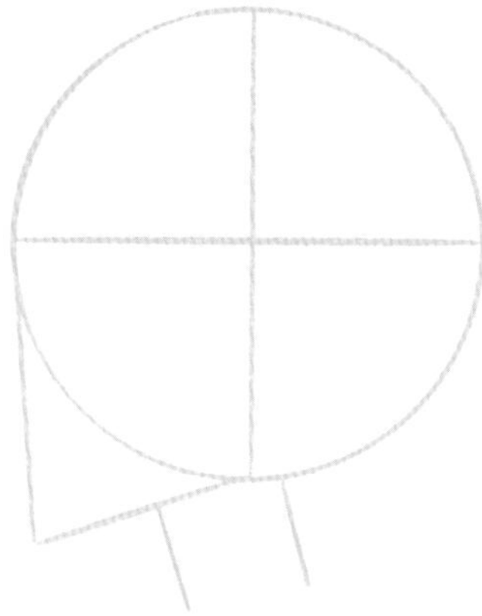

TIPP

Wenn du etwas Kompliziertes zeichnen möchtest, hilft es immer, deinen Gegenstand zunächst auf die gröbsten Formen zu reduzieren und ihn von dort aus weiter auszuarbeiten.

SCHRITT 2 Jetzt gibst du dem Kopf etwas mehr Form. Dazu kannst du den Mund- und Nasenbereich leicht hervorheben und mit einer weichen Rundung in Stirn und Kinn laufen lassen. Auch der Hinterkopf kann noch etwas ausgeformt werden.

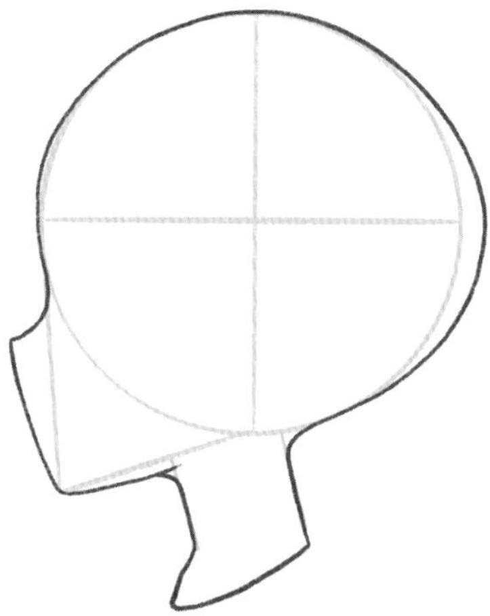

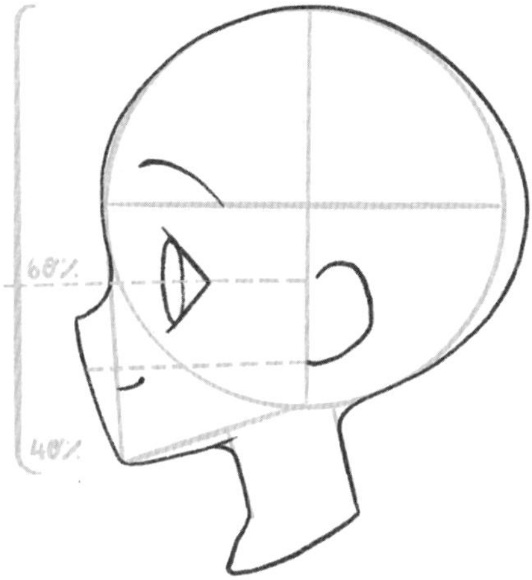

SCHRITT 3 Bei realistischen Zeichnungen befinden sich die Augen in der Mitte des Kopfes, aber für einen niedlicheren Stil kannst du sie etwas weiter unten platzieren. Von der Seite haben sie die Form eines Dreiecks. Das Ohr setzt an der Mittellinie an, beginnt auf Höhe der Augen und endet mit der Nase.

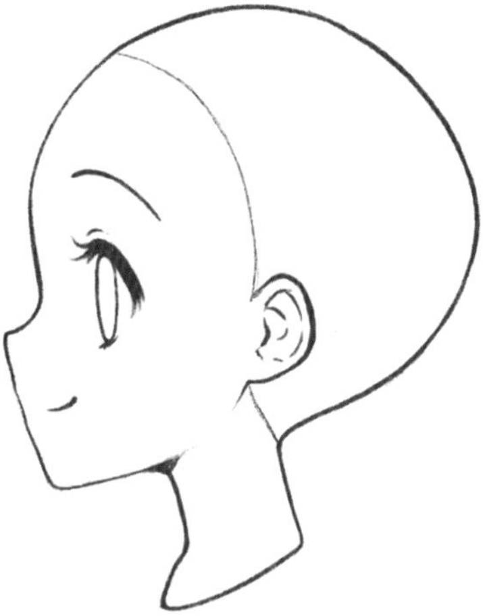

SCHRITT 4 Jetzt kannst du die Augen weiter ausarbeiten und auch Details in das Ohr einzeichnen. Die Markierung des Haaransatzes hilft dir im nächsten Schritt dabei, die Haare richtig zu platzieren.

SCHRITT 5 Für die Haare zeichnest du wieder zunächst die grobe Form ein. Dann kannst du einzelne Strähnen hinzufügen, die leicht vom Kopf abstehen oder beim Pony kleine dreieckige Flächen „herausschneiden“, um den Haaren mehr Struktur zu geben.

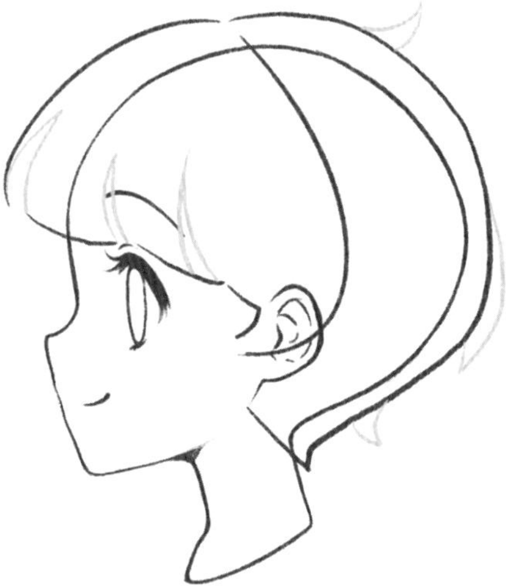

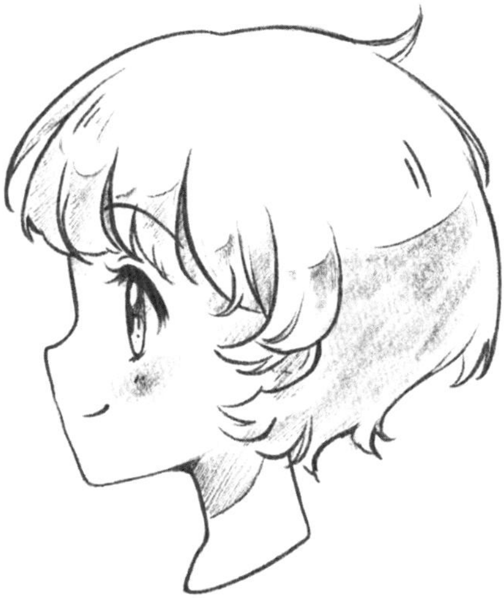

SCHRITT 6 Zuletzt bekommen die Augen noch etwas mehr Leben und du kannst noch mehr Strähnen einzeichnen. Ein paar Schattierungen im Haar und unter dem Kinn vervollständigen dann deine Zeichnung.

HALBPROFIL

Das sogenannte „Halbprofil“ ist wohl die Ansicht, die am häufigsten eingesetzt wird – aber sie ist auch gleichzeitig die schwierigste der drei Grundperspektiven. Hier wirst du wahrscheinlich etwas üben müssen, aber keine Sorge, erst einmal schauen wir uns die Ansicht Schritt für Schritt an.

SCHRITT 1 Als erstes beginnst du wieder mit einem Kreis. Stell dir den Kopf aber nicht wie eine Kugel vor: Tatsächlich ist er nämlich an den Seiten und auch vorne relativ flach. Um dich daran zu erinnern, hilft es, ein Stück von den Seiten „abzuschneiden”. Mit einer geschwungenen Linie markierst du dann die Mitte des Kopfes und legst damit auch die Blickrichtung fest.

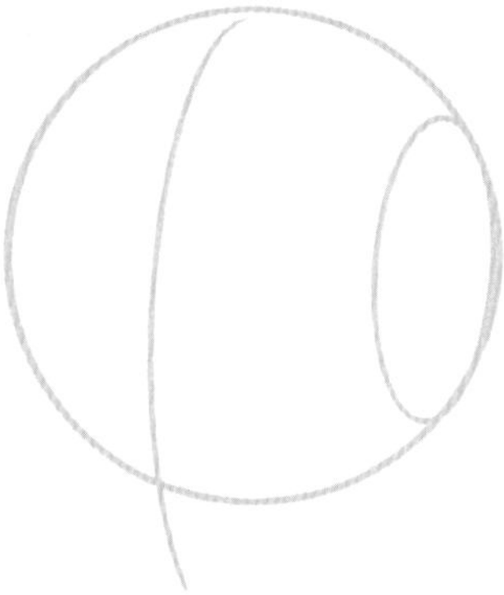

TIPP

Wenn du mit der rechten Hand zeichnest, ist es leichter, deine Figur nach links schauen zu lassen. Zeichnest du mit links, ist es genau anders herum.

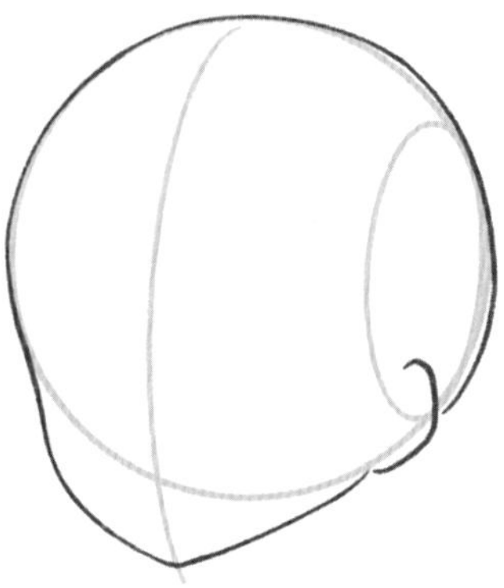

SCHRITT 2 Jetzt wird aus den Hilfslinien die Gesichtsform gebildet. Aus dieser Perspektive steht die Stirn leicht hervor, bei den Augen wölbt sich die Form nach innen und die Wangen sind dann wieder hervorgehoben.

SCHRITT 3 Jetzt werden Mund, Nase und Augen platziert. Zeichne dir hierfür weitere Hilfslinien ein, mit denen du sicherstellen kannst, dass beide Augen die gleiche Höhe haben. Da das von uns aus gesehen linke Auge weiter vom Betrachter entfernt ist, wirkt es im Gegensatz zum rechten schmaler. Je nachdem, wie weit der Kopf gedreht ist, ist immer weniger vom Auge zu sehen. Auch den Hals kannst du schon einmal einzeichnen.

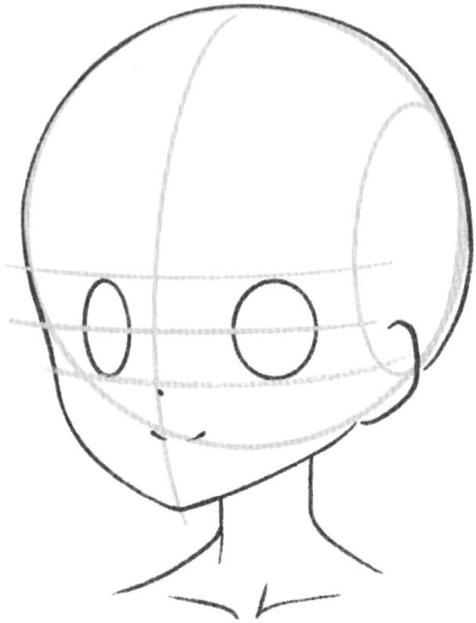

SCHRITT 4 Mache nun aus den Kreisen richtige Augen, indem du Wimpern, Lidfalten und Augenbrauen hinzufügst. Die Augenbrauen befinden sich dort, wo die Kopfform eine Wölbung nach hinten macht. Als Test kannst du eine mittlere Linie durch das Gesicht ziehen, wie es aussehen würde, wenn man den dreidimensionalen Formen des Gesichts folgt. So kannst du besser sehen, ob alle Gesichtselemente richtig platziert sind.

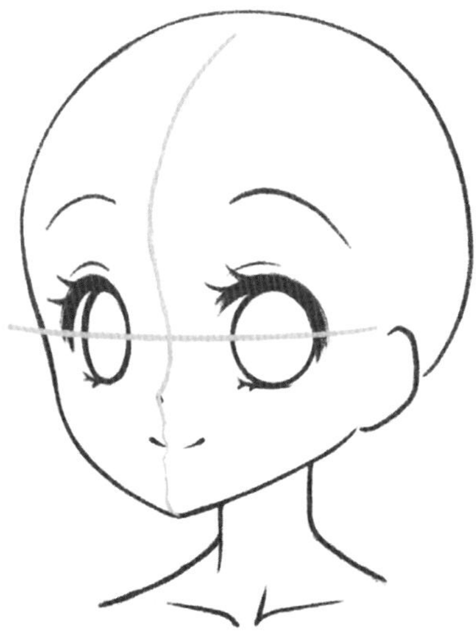

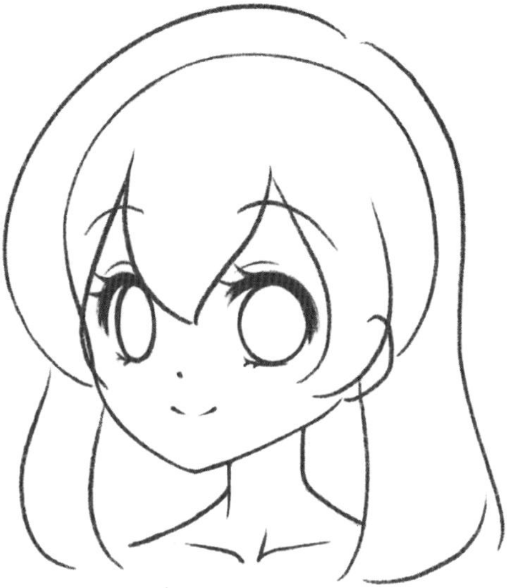

SCHRITT 5 Als nächstes sind wieder die Haare dran. Auch in dieser Perspektive kannst du zunächst die grobe Form einzeichnen; hier sind es mittellange Haare und ein Pony, der aus drei großen Strähnen besteht.

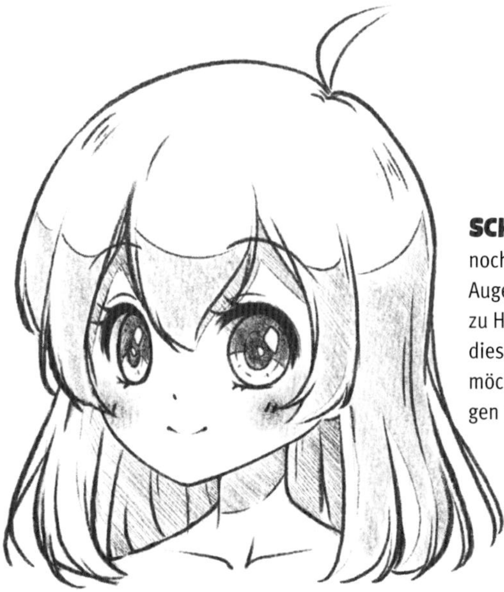

SCHRITT 6 Zeichne im letzten Schritt noch feinere Strähnen ein und fülle die Augen mit Leben. Falls du noch mehr Tipps zu Haaren und Augen brauchst, findest du diese auf Seite 22 bzw. Seite 24. Wenn du möchtest, kannst du auch noch Schattierungen einfügen.

UNTERSCHIEDLICHE GESCHLECHTER

Wenn du typisch feminine oder typisch maskuline Charaktere zeichnen willst, sind hier ein paar Tipps für dich, um ihre verschiedenen Eigenschaften besser darzustellen. Behalte dabei im Hinterkopf, dass diese äußeren Merkmale nicht zwingend auf das Geschlecht der Figur schließen lassen. Häufig kommt es in Mangas vor, dass ein sehr feminin aussehender Charakter männlich ist.

FEMININE MERKMALE

- Weiche, runde Gesichtszüge
- Schmaler Hals
- Längere Wimpern
- Größere, runde Augen
- Schmale Augenbrauen

MASKULINE MERKMALE

- Härtere, kantige Gesichtszüge
- Breiter Hals, seitlich ist der Adamsapfel erkennbar
- Kurze bzw. keine einzelnen Wimpern
- Kleinere, eckigere Augen
- Dickere Augenbrauen

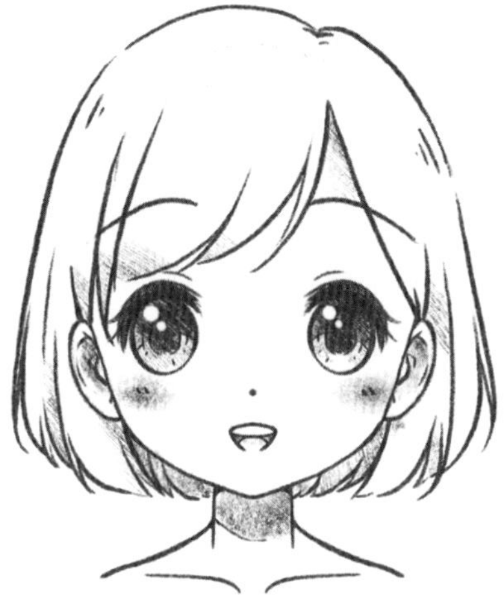

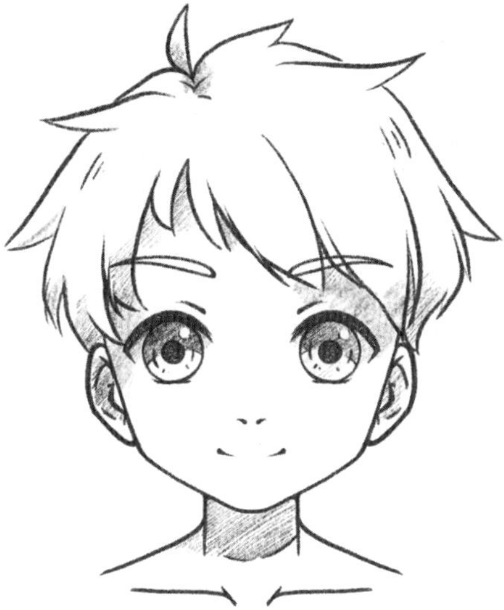

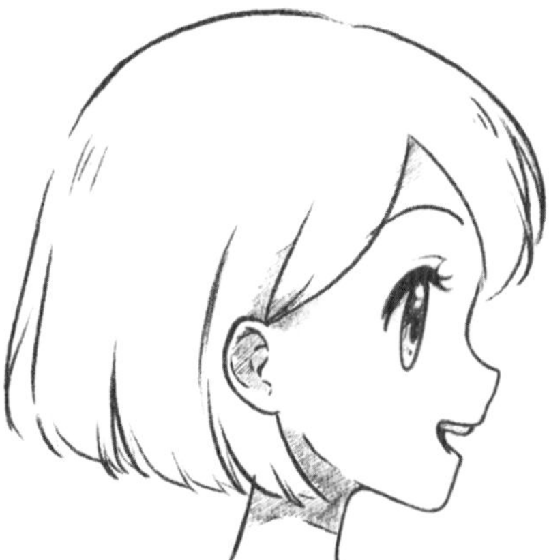

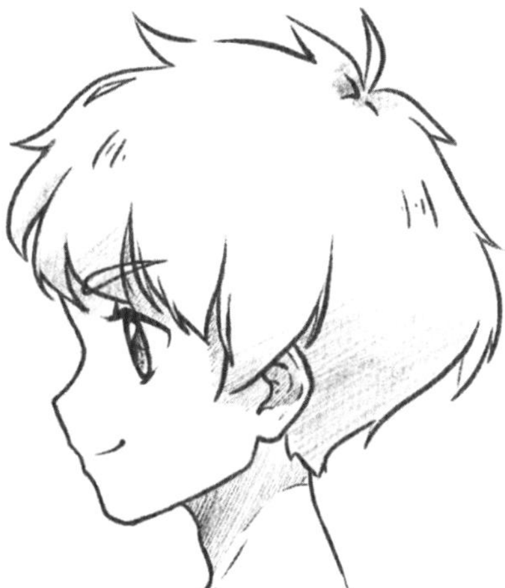

ALTERS-UNTERSCHIEDE

Meist beginnt man damit, Charaktere zu zeichnen, die ungefähr dem eigenen Alter entsprechen. Manchmal kann es aber auch spannend sein, andere Altersgruppen darzustellen – hier erfährst du, wie du das machen kannst.

JUGENDLICHE

Als Jugendliche ist das Gesicht im Verhältnis schon etwas schmaler. Die Haare des Mädchens sind etwas länger geworden, aber die grundsätzliche Frisur ist gleich geblieben.

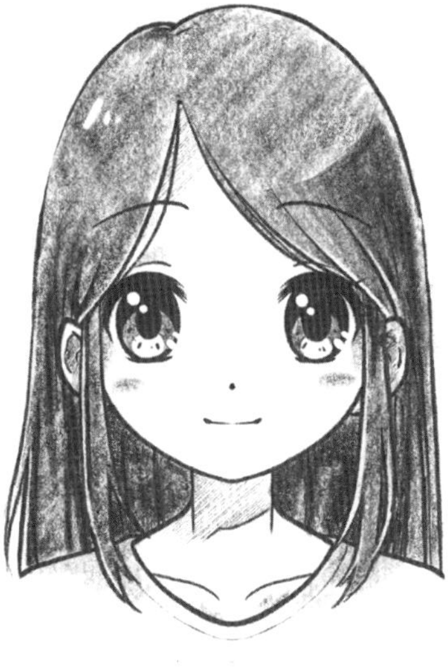

KINDER

Je jünger ein Mensch ist, desto größer sind die Augen im Verhältnis zum Kopf. Gerade bei Kindern sind die Augen meist sehr groß und das Gesicht ist noch sehr rundlich, die Gesichtszüge sind weich.

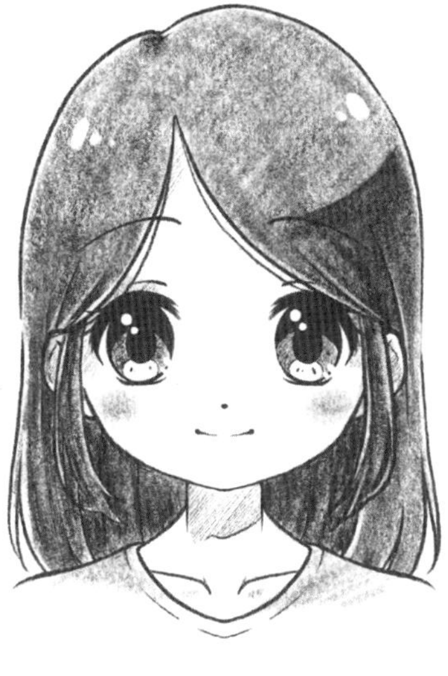

SENIOREN

Im Alter bildet die Haut dort Falten, wo sie über die Jahre viel Bewegung erfahren hat: also vor allem auf der Stirn, rund um die Augen und an den Mundwinkeln. Außerdem verliert sie an Spannung, sodass sie an den Wangen etwas herunterhängt. Auch die Haare sind inzwischen weiß geworden.

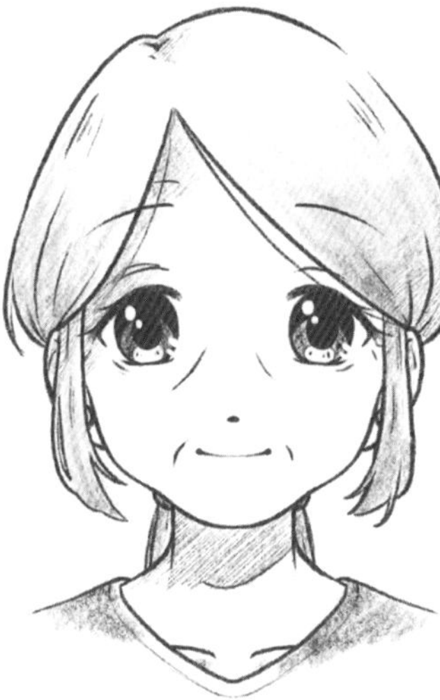

ERWACHSENE

Im Erwachsenenalter werden die Augen im Vergleich zum Kopf noch einmal kleiner. Außerdem ändert sich auch oft der Geschmack für Mode und Frisuren; hier trägt die Figur nun die Haare zusammengebunden.

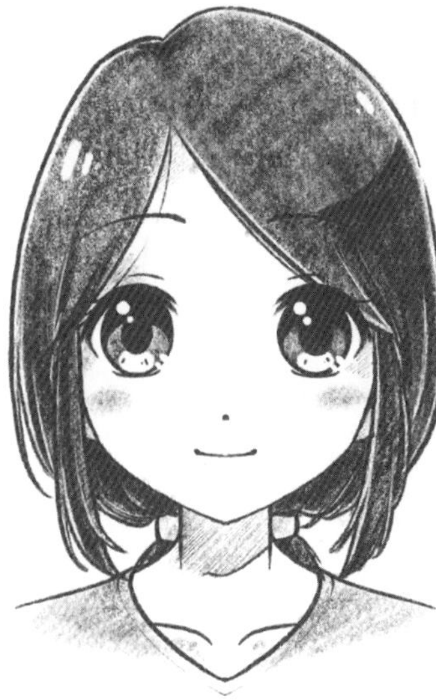

TIPP

Wenn du die gleiche Figur in unterschiedlichen Lebensabschnitten zeichnest, achte darauf, dass die Augenform ungefähr gleich bleibt. Auch ein ähnlicher Gesichtsausdruck oder Gemeinsamkeiten in der Frisur können den Wiedererkennungswert steigern (es sei denn, der Charakter hat sich sehr stark gewandelt).

HAARE ZEICHNEN

Haare kommen in allen möglichen Farben und Formen vor. Im Manga-Stil wird dabei nicht jedes Haar einzeln gezeichnet, sondern die Haare werden zu Strähnen zusammengefasst. Schauen wir uns daher erst einmal an, wie eine einzelne Strähne aussieht.

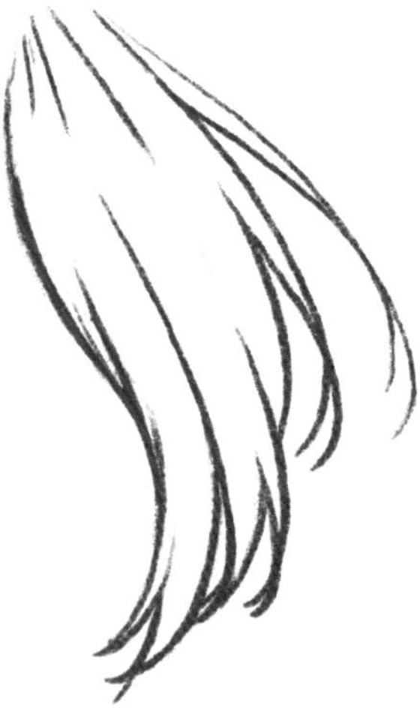

SCHRITT 3 Diesen Prozess kannst du so lange wiederholen, bis dir das Ergebnis gefällt. Einzelne Strähnen können auch vor oder hinter den anderen gezeichnet werden. Kleine Linien vom Ausgangspunkt der Strähne machen deren Verlauf noch deutlicher.

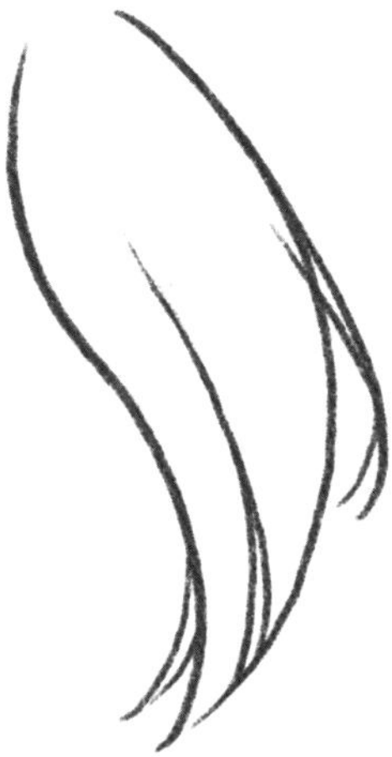

SCHRITT 2 Nun teilst du deine Strähne in weitere, kleinere Strähnen auf, indem du entweder Lücken einzeichnest oder einzelne Haare hervorstehen lässt. Behalte dabei den gesamten Verlauf der Strähne im Auge.

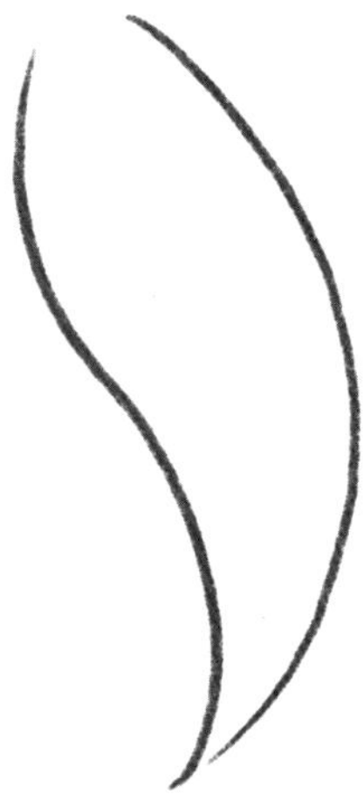

SCHRITT 1 Zunächst legst du die grobe Form einer Strähne fest. Überlege dir dafür, von welchem Punkt aus die Haare starten, und zeichne dann eine geschwungene Form, die nach unten hin dünner wird.

FRISUR ZEICHNEN

Mithilfe des Grundwissens über einzelne Strähnen lassen sich nun die unterschiedlichsten Frisuren entwerfen, hier ein Beispiel.

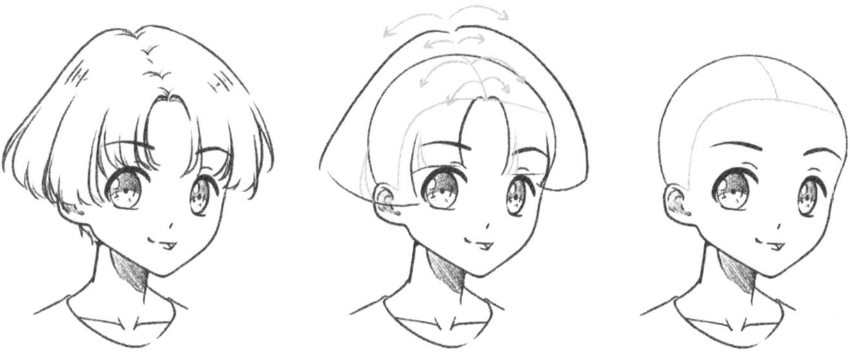

SCHRITT 3 Genau wie bei der einzelnen Strähne teilst du dann die Bereiche nach und nach weiter in noch feinere Partien auf. Ebenso vom Scheitel ausgehend kannst du einzelne Haare einzeichnen. Bedenke, dass jedes Haar sinnvoll am Kopf „angebracht“ sein muss.

SCHRITT 2 Dann zeichnest du die grobe Form ein. Gib dabei gut Volumen zu der Kopfform dazu. Die Haare fallen dann vom Scheitel aus nach unten und folgen dabei der Kopfform. Indem du von unten kleine „Schlitze“ in die Haare zeichnest, kannst du damit beginnen, sie in einzelne Strähnen weiter aufzuteilen.

SCHRITT 1 Für eine komplette Frisur überlegst du dir zunächst, wo sich der Haaransatz befindet und ob die Haare von einem Scheitel oder Wirbel ausgehen.

TIPP

Ziehe die Linien für die Strähnen von oben nach unten und lasse am Ende kleine Lücken. So wirken sie leichter und lockerer.

AUGEN ZEICHNEN

Du hast zwar bis hierhin bereits einige Augen gesehen, aber nun schauen wir uns den Aufbau eines Auges noch einmal im Detail an.

VON VORNE

Bei vielen Illustrationen im Manga-Stil sieht man die Augen von vorne. Je größer das Auge abgebildet ist, desto mehr Details kannst du einzeichnen.

SCHRITT 2 Als nächstes zeichnest du oberhalb des Auges die Wimpern in Form einer dicken, gebogenen Linie mit einem kleinen Haken am äußeren Ende. Unterhalb der Iris kannst du auch noch eine kleine Linie für die Unterseite des Auges andeuten. Beachte, dass sich diese Form weiterhin zu einem vollständigen Auge erweitern lassen sollte!

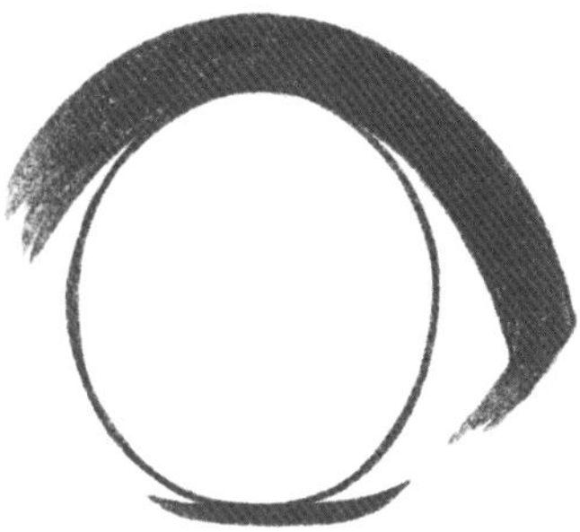

SCHRITT 1 Zunächst zeichnest du die Iris. Dabei kann es sich um einen Kreis oder ein Oval handeln, abhängig davon verändert sich später die Wirkung der Augen.

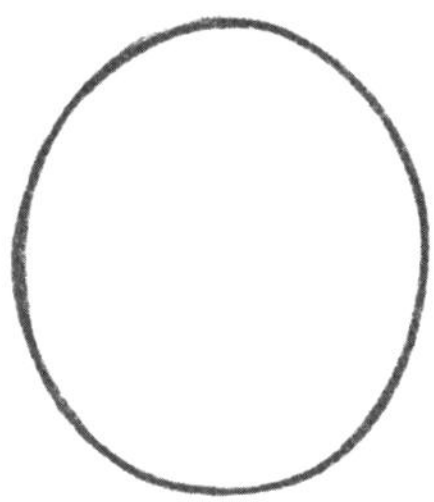

SCHRITT 3 Wichtig für das Funkeln der Augen sind Lichtreflexe, also Bereiche, die weiß ausgespart werden. Je mehr du einzeichnest, desto mehr leuchten die Augen. Füge außerdem die Lidfalte über dem Auge hinzu, sie folgt der Form des Auges.

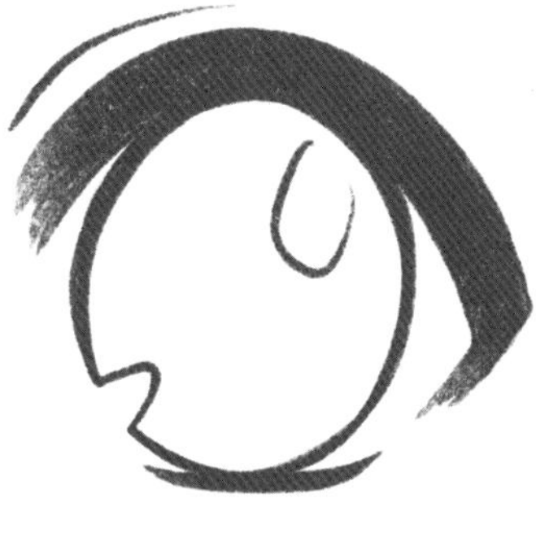

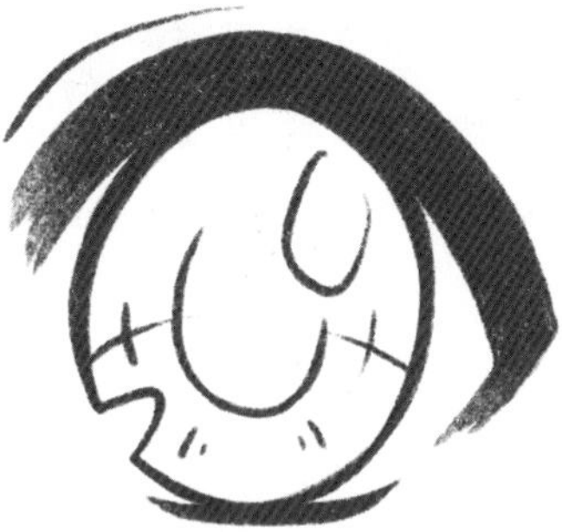

SCHRITT 4 Jetzt kannst du die Pupille einzeichnen. Diese kann entweder ein Punkt sein oder wie hier eine kleinere Version des Kreises bzw. Ovals vom Anfang. Zusätzlich kannst du noch kleine Linien einzeichnen, die zur Mitte des Auges deuten, und den Bereich abgrenzen, der gleich schattiert wird.

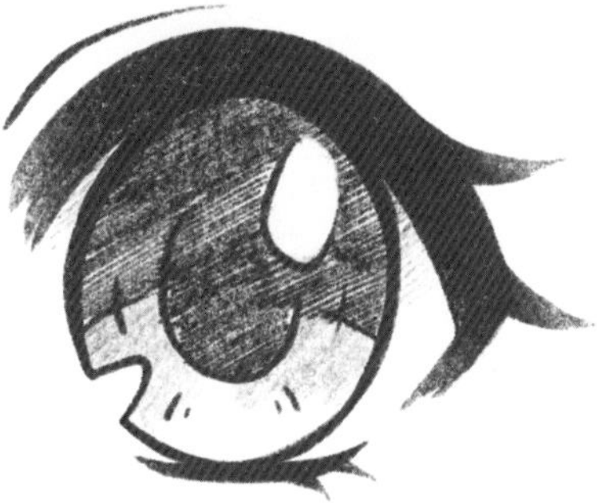

SCHRITT 5 Als letztes kannst du das Auge schraffieren, indem du den oberen Bereich des Auges mit vielen parallelen Linien ausfüllst. Je weiter nach unten du kommst, desto weniger kannst du dabei aufdrücken, um einen leichten Verlauf zu erzeugen. Außerdem kannst du noch einzelne Wimpern hinzufügen.

VON DER SEITE

Eigentlich sind unsere Augäpfel Kugeln, von denen aber nur der vordere Teil zu sehen ist. Seitlich sehen die Augen daher mehr aus wie ein Dreieck.

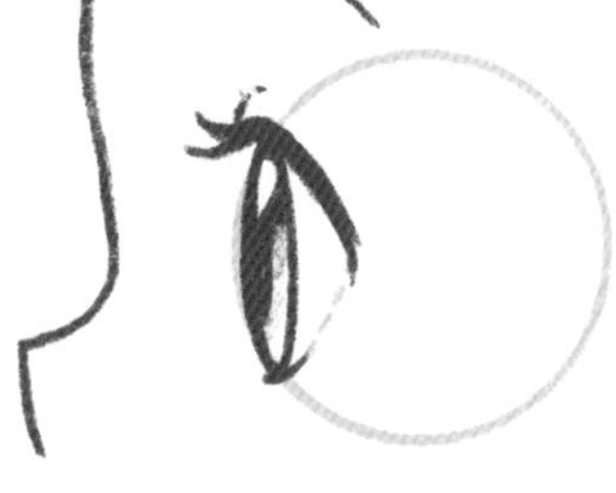

TIPP

Form, Farbe und Größe der Augen sind entscheidend dafür, was für eine Persönlichkeit deine Figur bekommt. Auf Seite 108 und bei den anderen Erklärungen in diesem Buch findest du verschiedene Augenvarianten zum Ausprobieren.

NASEN ZEICHNEN

Nasen sind im Manga-Stil oft sehr simpel gehalten. Das liegt daran, dass sie im Vergleich zu Augen und Mund kaum dazu geeignet sind, Emotionen darzustellen. Hier findest du ein paar Variationen, wie du Nasen zeichnen kannst.

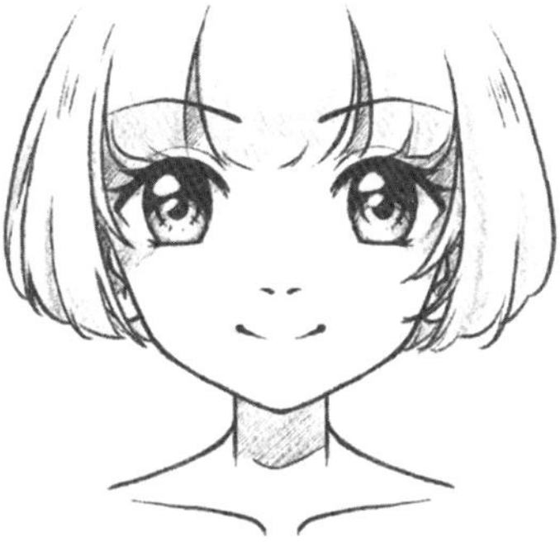

Oft werden nur die beiden Nasenlöcher mit zwei kleinen, gebogenen Strichen angedeutet.

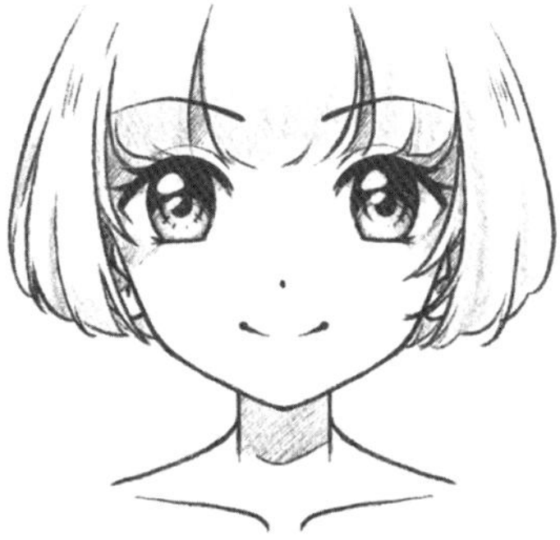

Gerade bei niedlichen Charakteren genügt ein simpler Punkt als Nase.

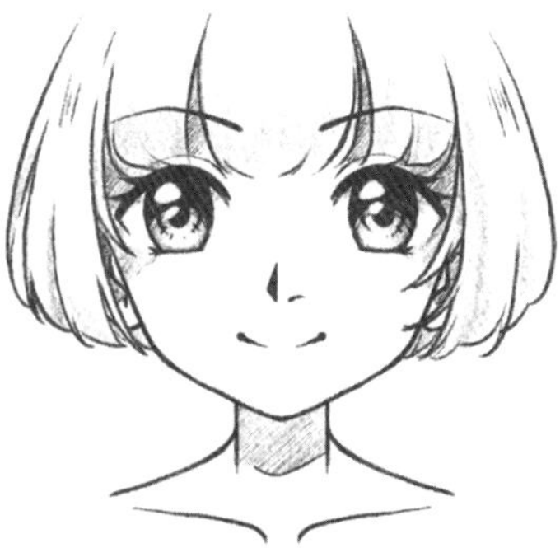

Eine weitere Variante besteht aus einem Nasenloch auf der einen und einem dreieckigen Schatten auf der anderen Seite.

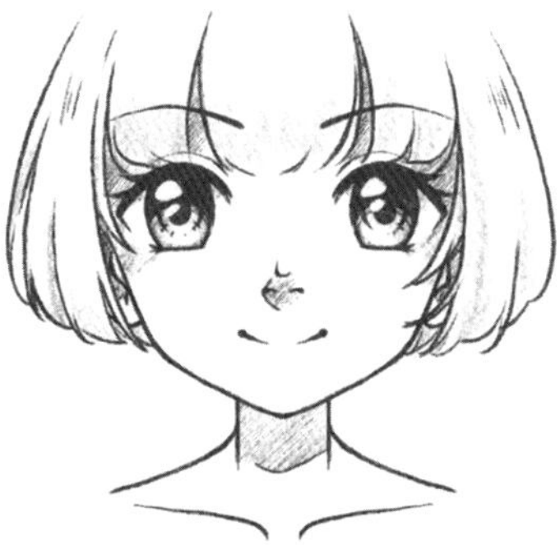

Für eine noch realistischere Darstellung kann zusätzlich der Nasenrücken und ein Schatten unterhalb der Nase angedeutet werden.

Auch von der Seite kann die Nase unterschiedlich aussehen: Egal ob geschwungen, gerade oder gebogen, jede dieser Nasen verleiht ihrem Besitzer etwas Einzigartiges.

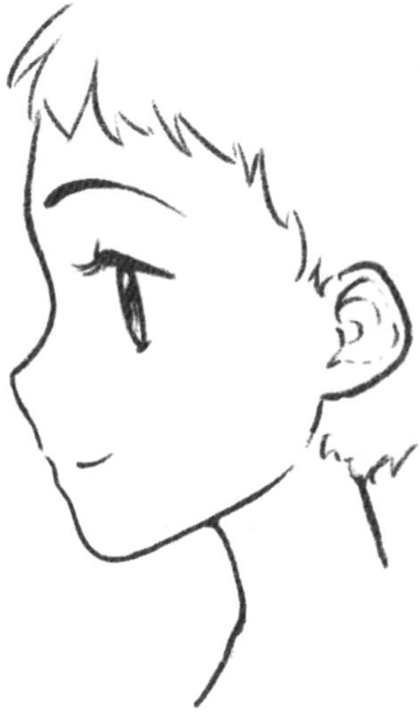

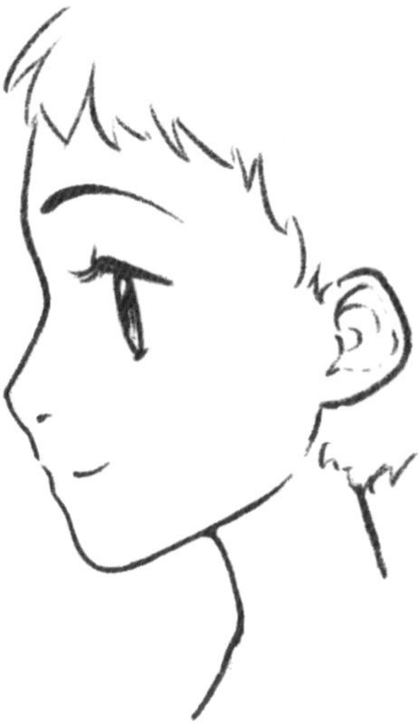

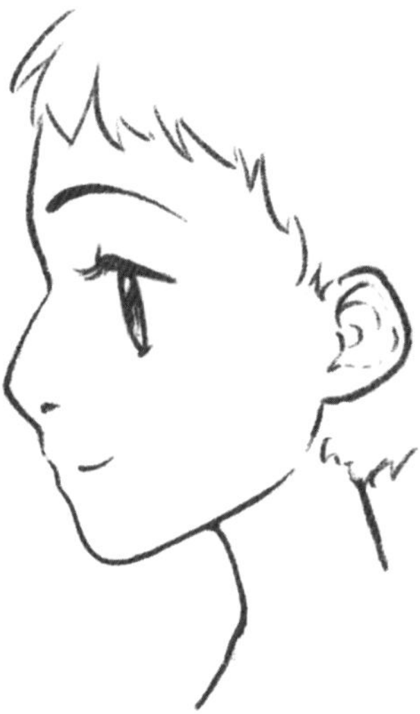

OHREN ZEICHNEN

Ohren werden beim Zeichnen gern vergessen, aber gerade für die Seitenansicht ist es wichtig, sie sich einmal genauer anzuschauen.

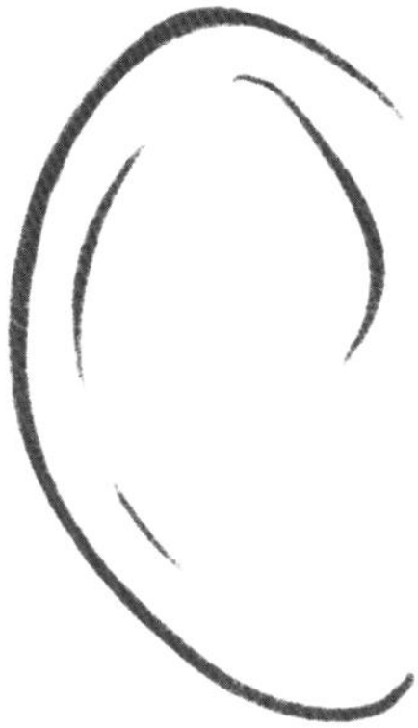

SCHRITT 2 Jetzt folgt die sogenannte „Helix", das ist der Bogen, der rund um den Rand des Ohres verläuft.

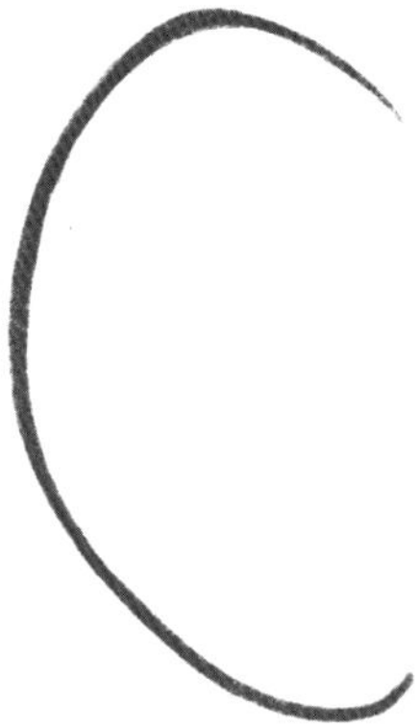

SCHRITT 1 Als erstes ist die äußere Form des Ohres dran. Diese hat etwas Ähnlichkeit mit dem Buchstaben „C".

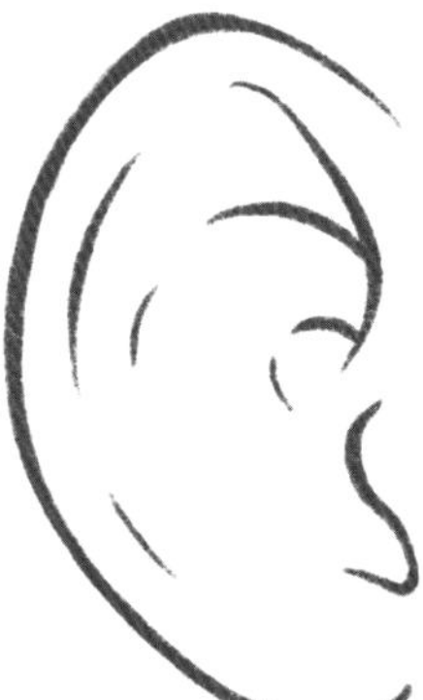

SCHRITT 3 Jetzt kannst du noch ein paar der Formen innerhalb des Ohres andeuten. Hier muss nicht jede einzelne Linie der Realität entsprechen, wichtig ist nur, dass der Gesamteindruck stimmt.

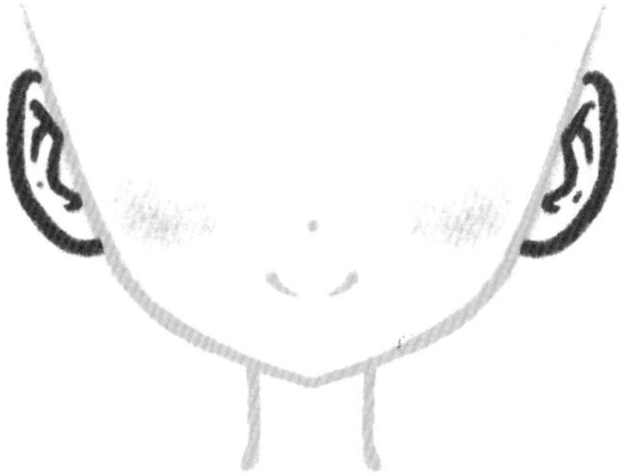

VON VORNE

Schaut man gerade auf ein Gesicht, sehen die Ohren etwas schmaler aus – je nachdem, wie sehr sie vom Kopf abstehen. Auch hier reicht es aus, wenn du das innere des Ohrs grob andeutest.

POSITION DES OHRES

Um das Ohr richtig am Kopf zu positionieren, kannst du dich an folgenden Richtlinien orientieren: Seitlich befindet es sich mittig am Kopf und steht dabei ganz leicht schräg. Die Höhe des Ohres entspricht ungefähr dem Abstand zwischen der Mitte der Augen und der Unterseite der Nase. Abhängig davon, wie alt oder jung deine Figur ist, können die Ohren aber auch größer oder kleiner sein.

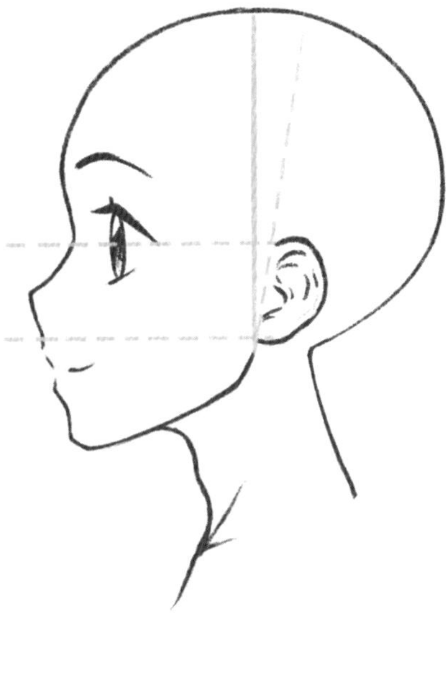

MÜNDER ZEICHNEN

Der Mund ist ein wichtiger Bauteil im Gesicht, wenn es darum geht, Emotionen zu vermitteln. Zunächst schauen wir uns aber an, wie ein Mund generell im Manga-Stil dargestellt werden kann.

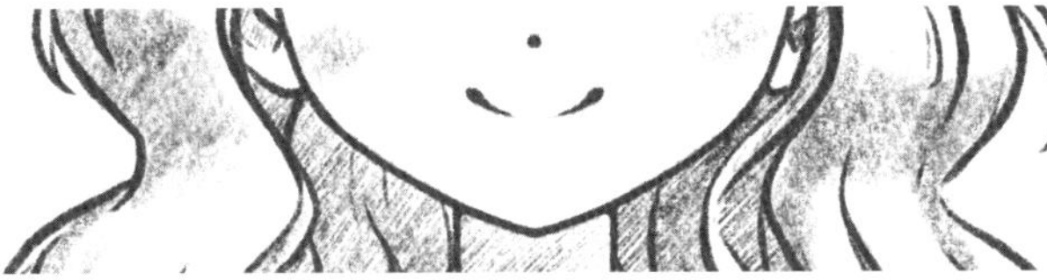

Die einfachste Variante ist ein gebogener Strich, der in der Mitte leicht unterbrochen ist. Da sich an den Mundwinkeln Schatten befinden, ist der Strich dort etwas dicker.

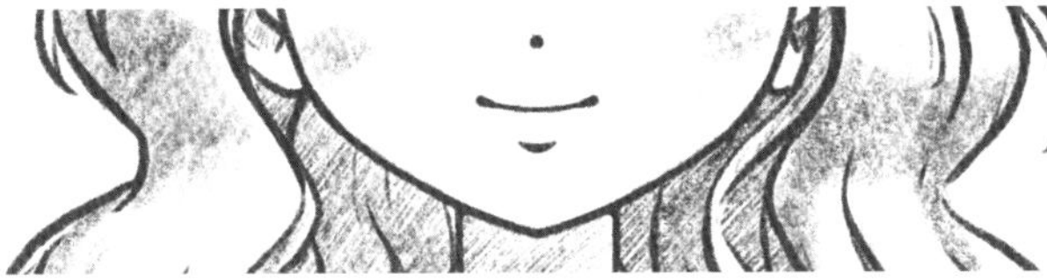

Der Strich kann auch durchgezogen sein. Ein leichter Schatten deutet hier die Unterlippe an.

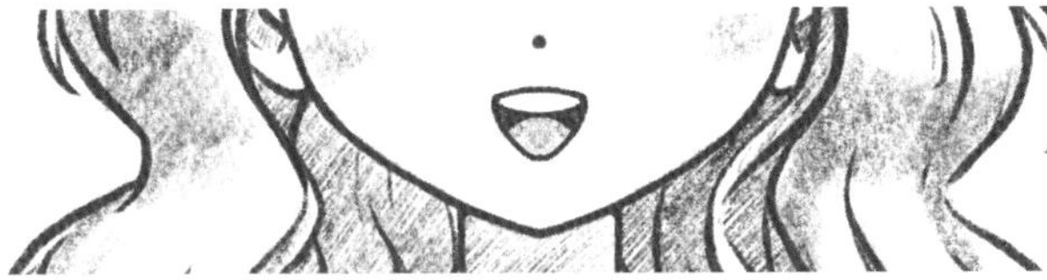

Ein fröhlich geöffneter Mund hat die Form eines abgerundeten Dreiecks. Hier werden die oberen Zähne sowie die Zunge angedeutet.

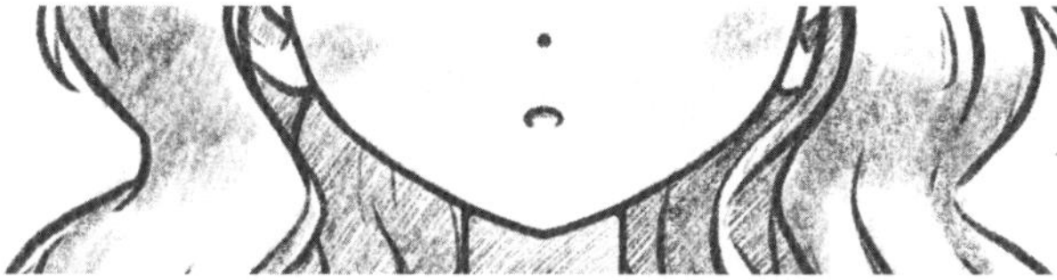

Ein nur leicht geöffneter Mund hat die Form eines Ovals. Hier sieht man weder Zähne noch Zunge.

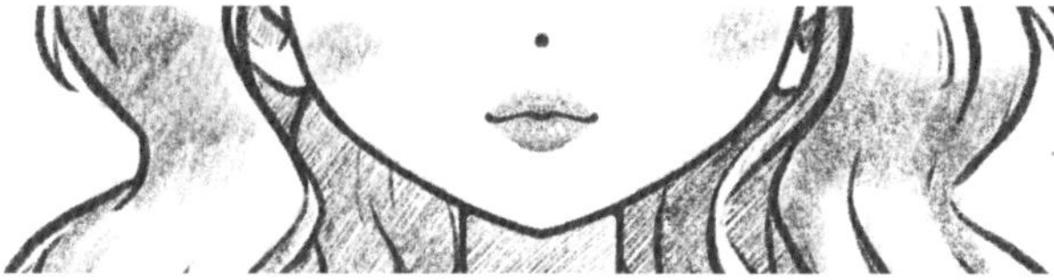

Geschminkte Lippen können durch eine leichte Schattierung angedeutet werden. Vermeide hier aber, die Kontur der Lippen hart abzugrenzen. Bei der mittleren Linie wurde die Lippenform geschwungener gezeichnet.

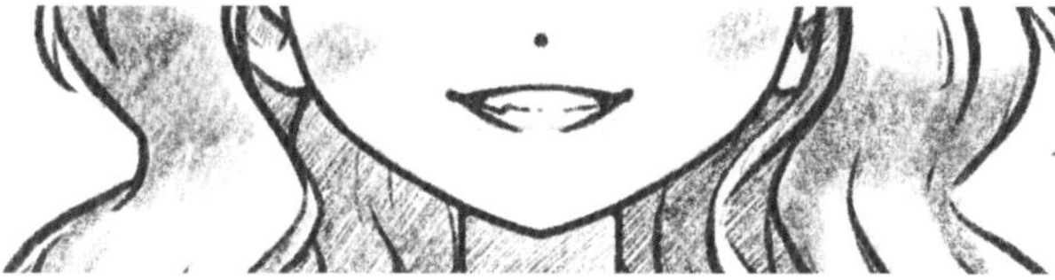

Bei einem grinsenden Mund befinden sich Schatten auf den äußeren Ecken der Zähne. Da, wo diese aufeinandertreffen, ist eine leicht gezackte, unterbrochene Linie.

TIPP

Im Manga-Stil werden meist keine einzelnen Zähne eingezeichnet, sondern alle Zähne werden zu einem „Block“ zusammengefasst. Wenn der Charakter etwas frecher wirken soll, werden die Eckzähne leicht angedeutet.

EMOTIONEN

DIE FÜNF GRUNDEMOTIONEN

Wir Menschen können weltweit fünf verschiedene Basis-Emotionen erkennen und zwar unabhängig davon, in welchem Land oder mit welcher Kultur wir aufgewachsen sind. Diese fünf grundlegenden Gefühle sind Freude, Trauer, Wut, Angst und Ekel. Manchmal wird als sechste Emotion noch Überraschung genannt. Auf Basis dieser Emotionen lässt sich eine Vielzahl verschiedener Gefühlslagen abbilden. Schauen wir uns zunächst an, wie diese grundlegenden Emotionen aussehen.

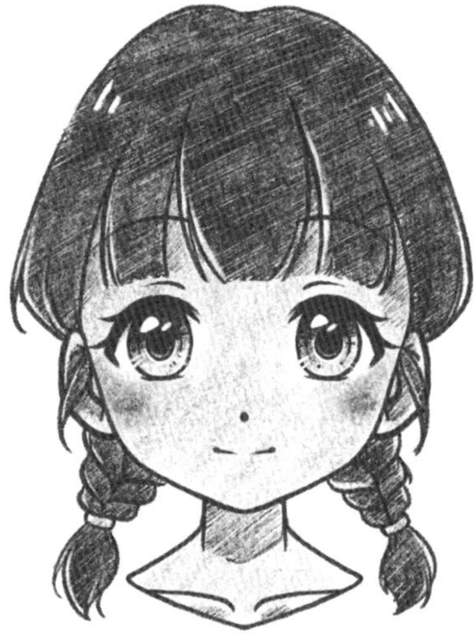

NEUTRALES GESICHT

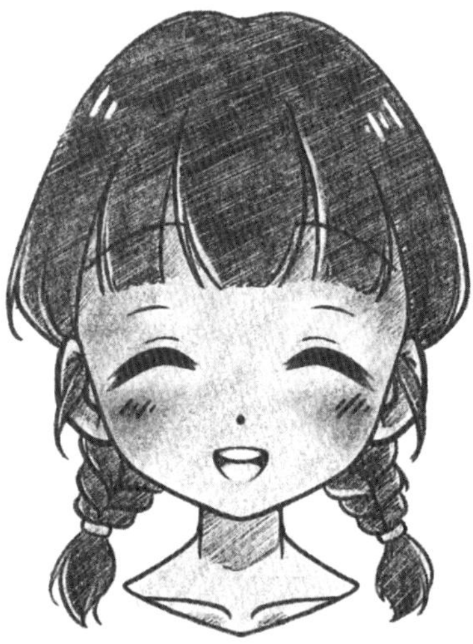

FREUDE

Ein freudiges Gesicht ist entspannt, die Züge sind weich und aufgeschlossen. Das kannst du gut darstellen, indem du zum Beispiel die Augen geschlossen zeichnest und sie als nach oben gewölbte Bögen darstellst. Der Mund ist leicht geöffnet und die Augenbrauen entspannt und rundlich, die Wangen sind leicht gerötet vor Freude.

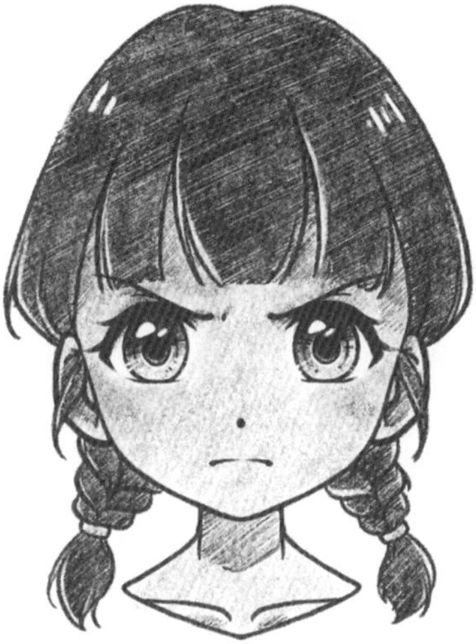

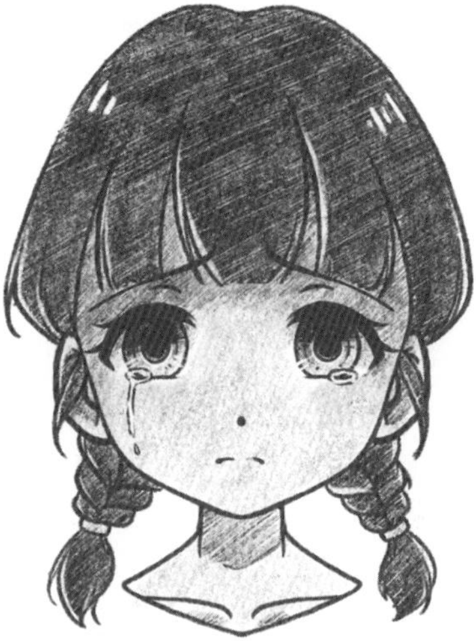

WUT

Bei einem wütenden Gesichtsausdruck sind die Gesichtszüge starr und angespannt. Das verdeutlichst du, indem die Augenbrauen nach innen gekippt sind und nah über den Augen stehen. Es bilden sich außerdem kleine Falten auf der Stirn. Die Lippen sind zusammengekniffen und der Blick ist kalt.

TRAUER

Wenn wir traurig sind, fallen die Gesichtszüge quasi „nach unten". Die Augenbrauen sind nach außen gekippt, die Augen leicht zusammengekniffen und die Mundwinkel zeigen nach unten. Außerdem fehlt den Augen ihr Strahlen: Es sind keine Lichtreflexe mehr eingezeichnet.

TIPP

Von den fünf Grundemotionen gibt es sehr viele verschiedene Abstufungen und Kombinationen. Beispielsweise würden die Emotionen zufrieden, erleichtert, dankbar, stolz oder selbstbewusst alle ganz grob in die Kategorie „Freude" fallen. Gleichzeitig kann Freude aber auch zum Beispiel mit Angst kombiniert werden, um ein unsicheres Lachen, Nervosität oder Scham auszudrücken.

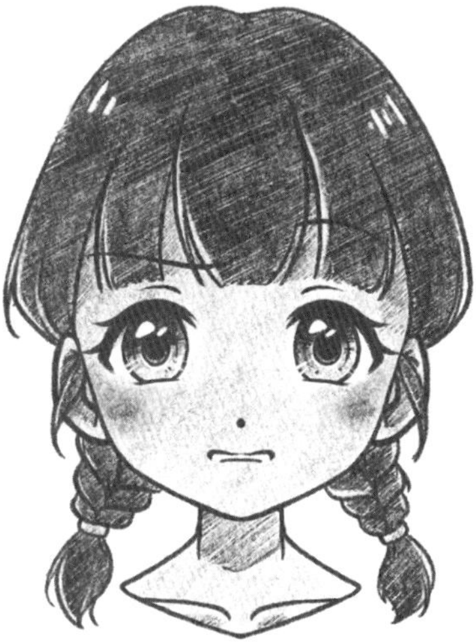

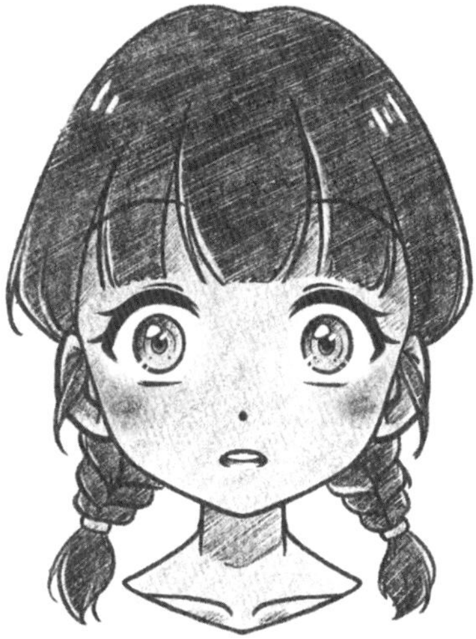

EKEL

Auch wenn diese Emotion vielleicht nicht so häufig dargestellt wird, ist es nicht verkehrt, generelle Abneigung zeichnerisch ausdrücken zu können. Wenn uns etwas ganz offensichtlich nicht gefällt, rümpfen wir die Nase, wobei sich die Wangen nach oben ziehen und die Augen dadurch leicht zusammengedrückt werden. Die Oberlippe ist nach oben gezogen und der Mund dadurch leicht geöffnet; bei den Augenbrauen ist eine nach unten und eine nach oben gezogen.

ÜBERRASCHUNG/ANGST

Überraschung und Angst sind vom Ausdruck her sehr ähnlich – vielleicht könnte man sie auch als „Schock“ bezeichnen (im guten oder im schlechten Sinn). Hier sind die Augen weit aufgerissen, sodass die Pupille die Ränder der Augen nicht mehr berührt und viel vom Weiß des Auges zu sehen ist. Die Augenbrauen sind nach oben gezogen und der Mund ist geöffnet, so als würde die Person erschrocken nach Luft schnappen.

EMOTIONEN DARSTELLEN MIT DEN AUGEN

Nachdem du ja bereits gelernt hast, wie man Augen generell zeichnet, wollen wir uns nun noch einmal genauer anschauen, wie du sie verändern kannst, um mit ihnen Emotionen auszudrücken. Da die Augen, der „Spiegel zur Seele", ein wichtiger Baustein zum Ausdruck von Gefühlen sind, gibt es im Manga-Stil jede Menge Möglichkeiten, wie du sie besonders eindrücklich darstellen kannst.

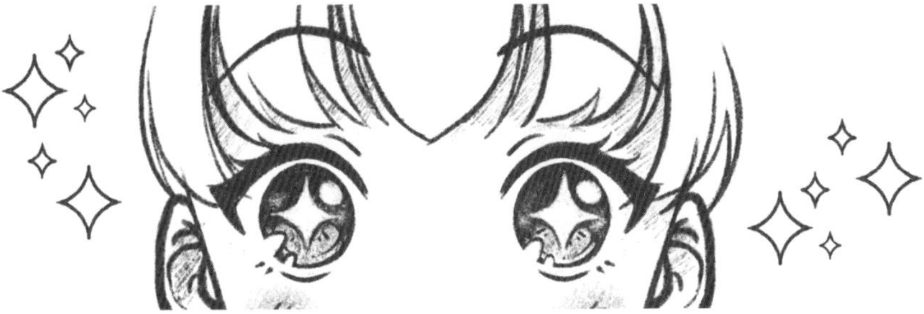

FUNKELNDE AUGEN

Wenn deine Augen besonders strahlen oder leuchten sollen, weil sich deine Figur gerade sehr freut, dann kannst du dies erreichen, indem du mit vielen Lichtreflexen oder Sternchen arbeitest. Du kannst sogar die Pupillen durch Sternchen ersetzen, dann wirken die Augen direkt besonders strahlend (und vielleicht sogar ein bisschen magisch).

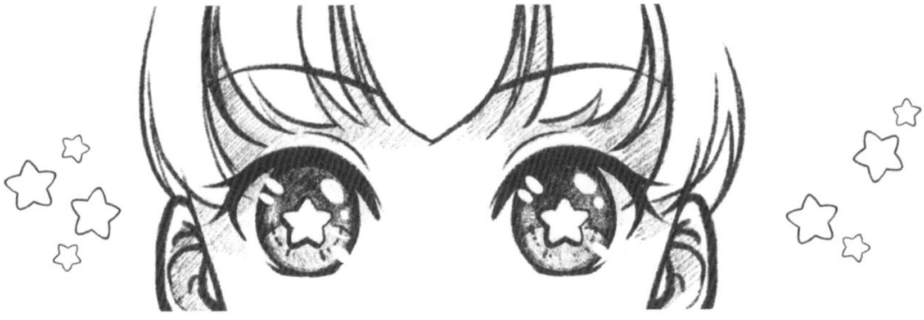

GESCHLOSSENE AUGEN

Für bestimmte Gesichtsausdrücke ist es wichtig, dass du auch geschlossene Augen zeichnen kannst. Das ist gar nicht schwierig: Du zeichnest dafür einfach einen dicken Bogen und deutest an den Enden ein paar Wimpern an. Es macht allerdings einen Unterschied, ob der Bogen dabei nach oben oder nach unten gewölbt ist.

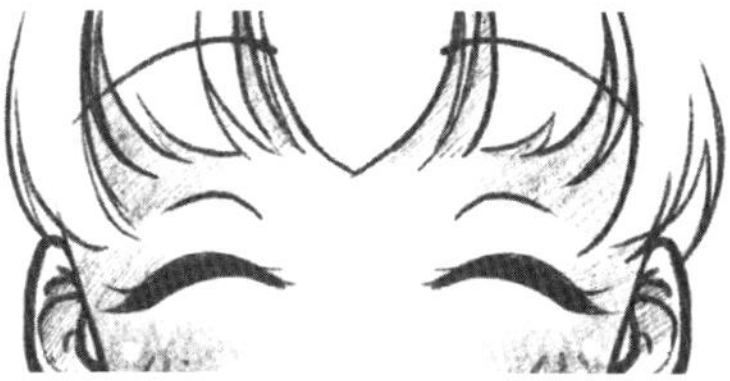

Ist der Bogen nach oben gewölbt, wirkt die Figur glücklich. So wird angedeutet, dass die Figur lächelt und sich die Wangen nach oben ziehen.

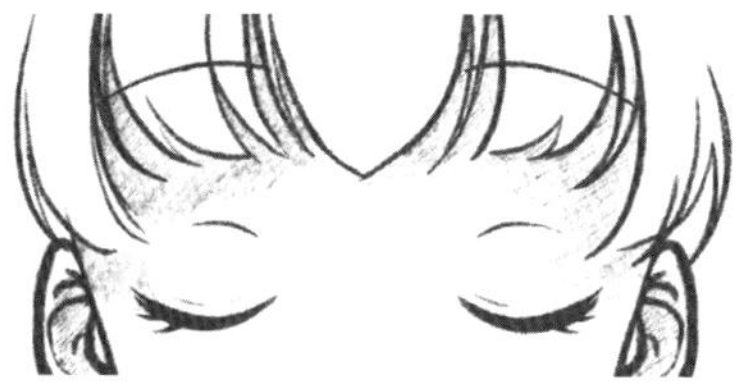

Zeigt der Bogen nach unten, wirkt die Figur entspannt. Auch schlafende Charaktere werden auf diese Weise dargestellt.

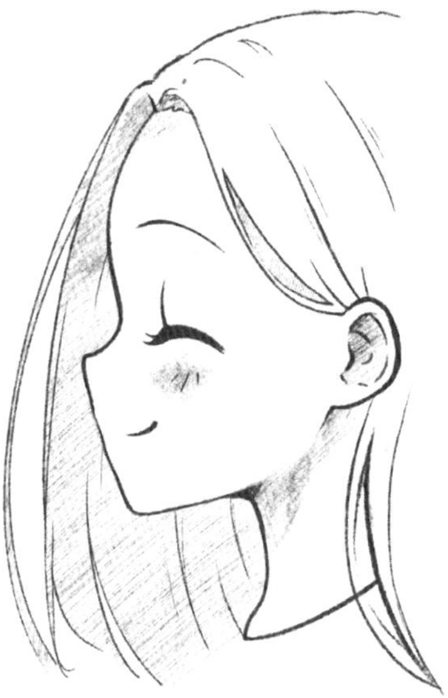

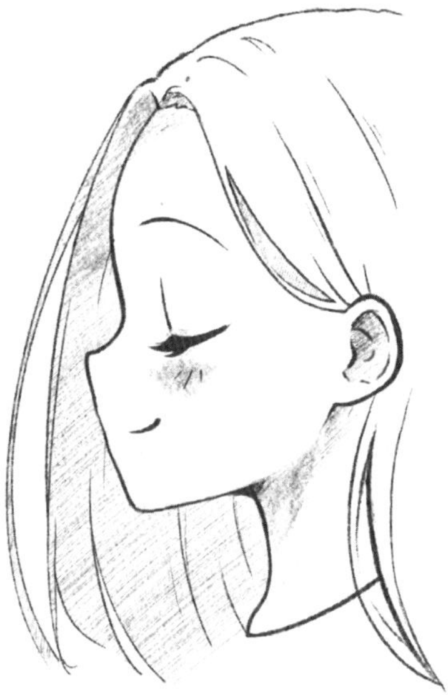

ÜBERRASCHTE AUGEN

Ist eine Figur überrascht, wird sie die Augen weit aufreißen. Das ist ein Reflex des menschlichen Körpers, damit schnell so viel Licht wie möglich ins Auge gelangt und wir besser erkennen können, was gerade vor sich geht. Das kannst du gut darstellen, indem du die Iris so zeichnest, dass sie den äußeren Rand des Auges nicht mehr berührt. Außerdem kannst du die Augenform noch etwas ovaler machen, um zu zeigen, wie weit die Augen geöffnet sind.

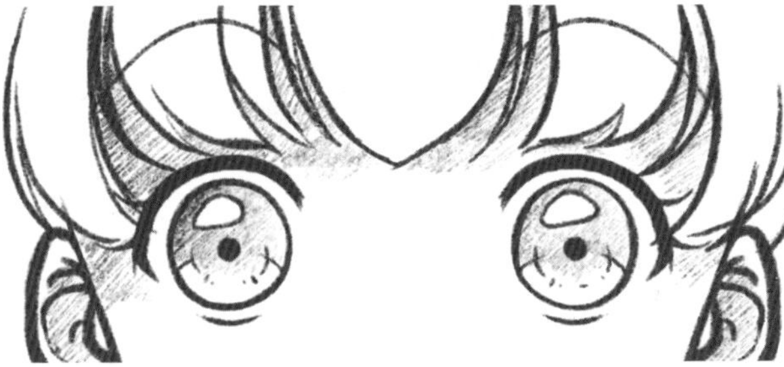

Den Unterschied zwischen Überraschung und Angst machen vor allem die Augenbrauen: Bei nach oben gewölbten, sanft gebogenen Augenbrauen wirkt die Figur überrascht.

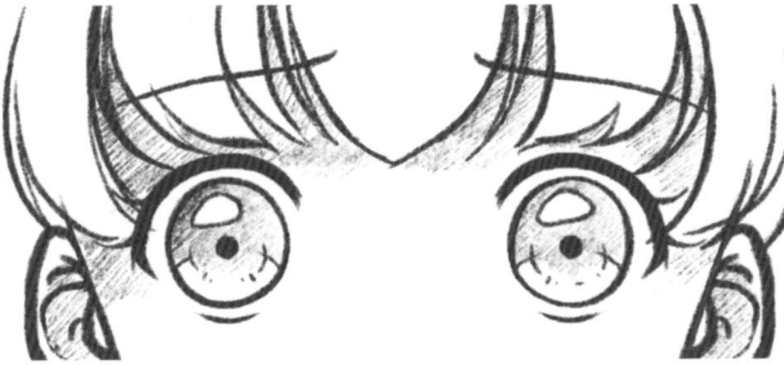

Sind die Augenbrauen gerader oder zeigen an den äußeren Seiten nach unten, wirkt der Blick starrer und die Figur dadurch erschrocken.

TRAURIGE AUGEN

Auch bei traurigen Augen spielen die Augenbrauen eine wichtige Rolle: Oft sind sie nach außen geneigt und innen leicht nach oben gebogen. Davon ausgehend gibt es verschiedene Möglichkeiten, um deiner Figur einen traurigen Ausdruck zu verleihen.

Weint die Figur, sind die Augen leicht zusammengekniffen. Durch die Tränen wird das Auge glasiger und es entstehen mehr Lichtreflexe, die ineinander verschwimmen.

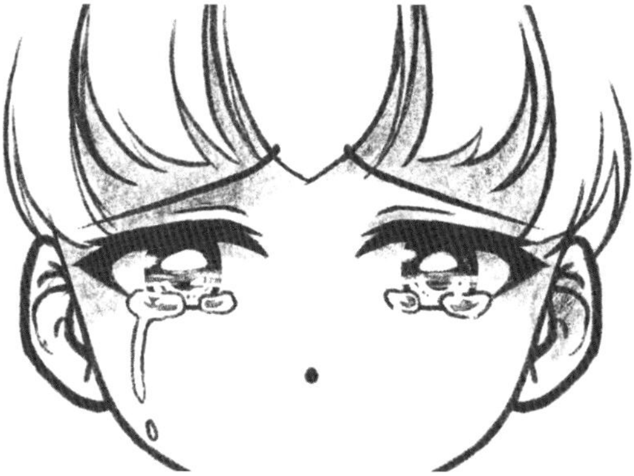

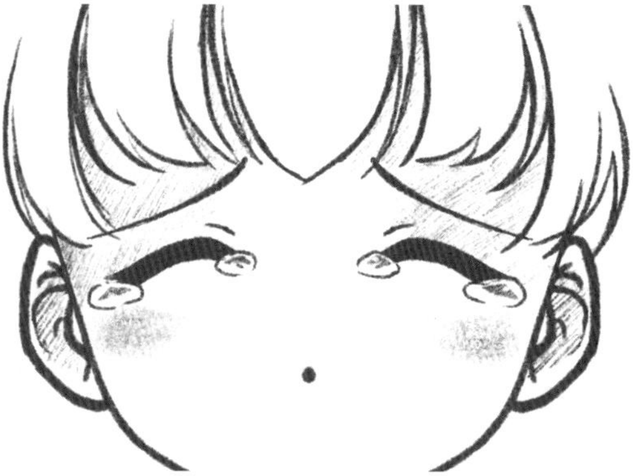

Die Augen können beim Weinen auch geschlossen sein. Abhängig davon, ob sie nach oben oder unten gewölbt sind, handelt es sich eher um ein lautes, schluchzendes oder ein stilles, in sich gekehrtes Weinen.

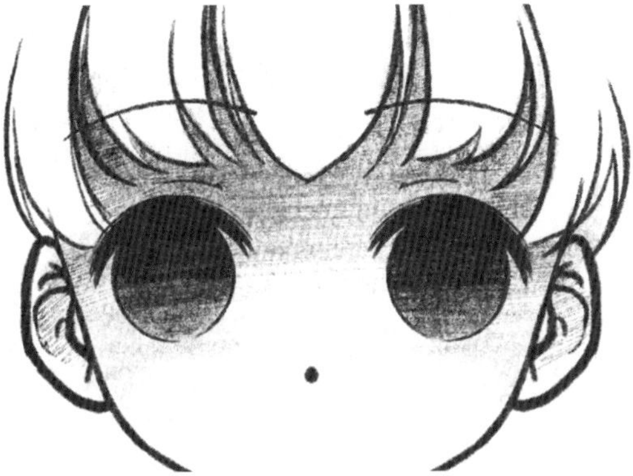

Wenn du darstellen möchtest, dass die Figur innerlich leer oder seelenlos ist, kannst du dies gut erreichen, indem du das Auge ohne Lichtreflexe und Pupille darstellst und nur einen leichten Verlauf von Hell nach Dunkel durch die gesamte Iris zeichnest.

TIPP

Tränen sammeln sich an den Augenwinkeln und laufen von dort aus nach unten. Dabei folgen sie einem leichten Bogen der Form der Wangen. Um sie wirklich „flüssig" wirken zu lassen, kannst du ihren Rand zwischendurch unterbrechen und die Bereiche „hinter" der Träne etwas heller machen. Ein weißer Ring außen am Rand vervollständigt dann die Tränen.

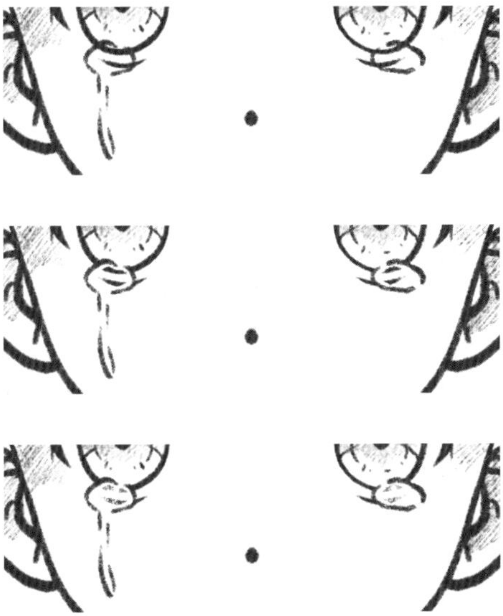

WÜTENDE AUGEN

Wütende Augen können Ähnlichkeiten mit überraschten Augen haben, denn auch sie sind oft weit aufgerissen. Die Augenbrauen sind aber noch stärker nach unten gerichtet und es bilden sich kleine Falten. Man kann wütende Augen aber auch darstellen, in dem man sie leicht zusammengekniffen darstellt, aber auch hier spielen die Augenbrauen eine wichtige Rolle beim Transportieren der Emotion.

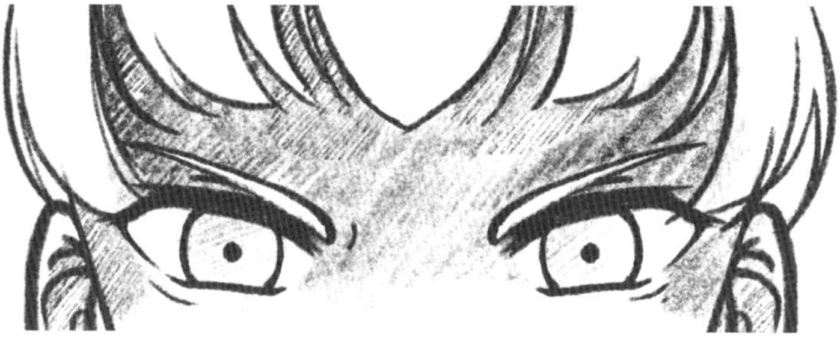

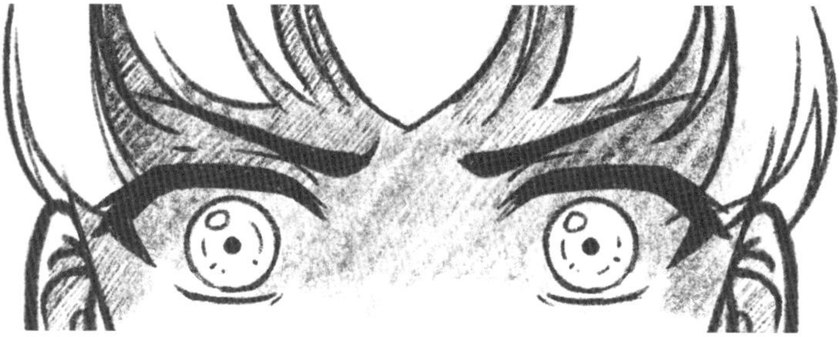

TIPP

Oft vermischen sich Emotionen wie Wut und Trauer. In so einem Fall kannst du zu den wütenden Augen noch Tränen hinzufügen.

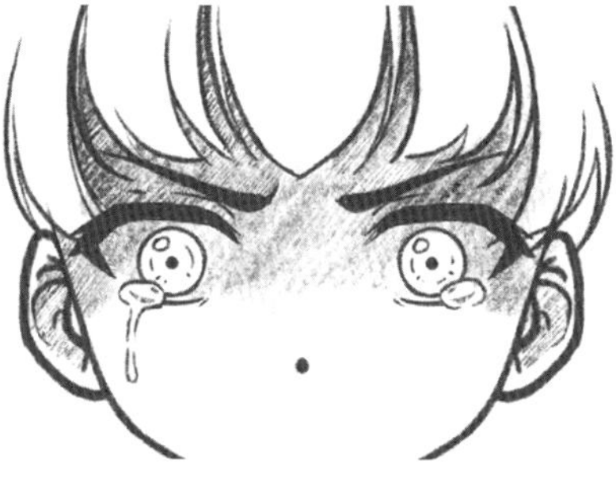

EMOTIONEN DARSTELLEN MIT DEM MUND

Neben den Augen und Augenbrauen ist der Mund der wichtigste Bestandteil der menschlichen Mimik. Grundsätzlich kann man sagen, dass bei positiven Emotionen die Mundwinkel nach oben zeigen, während sie bei negativen Gefühlen nach unten gerichtet sind. Es gibt aber noch viele andere Ausdrücke, die mit dem Mund dargestellt werden können – schauen wir sie uns gemeinsam an.

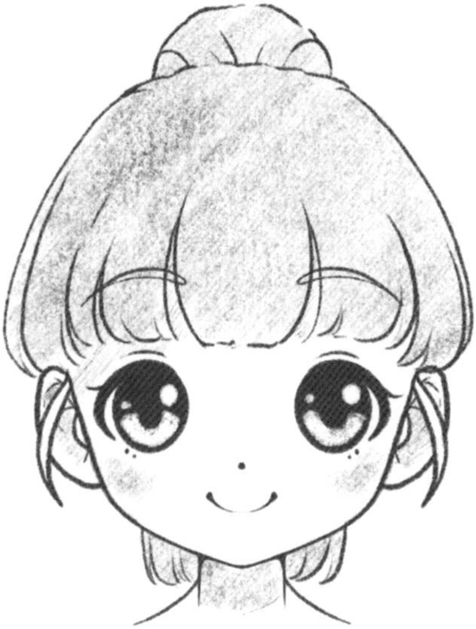

GLÜCKLICH

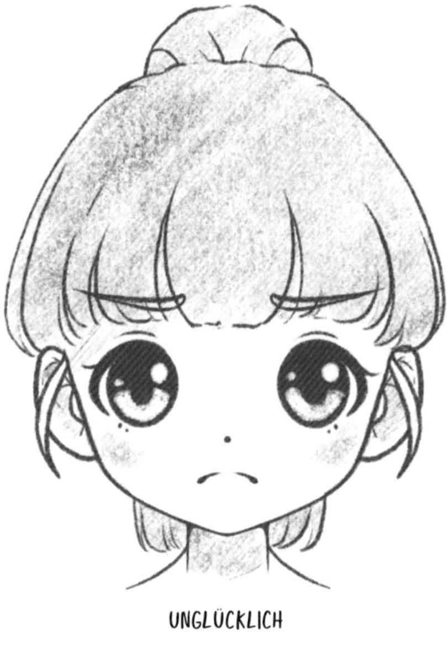

UNGLÜCKLICH

EMOTIONEN MIT GEÖFFNETEM MUND

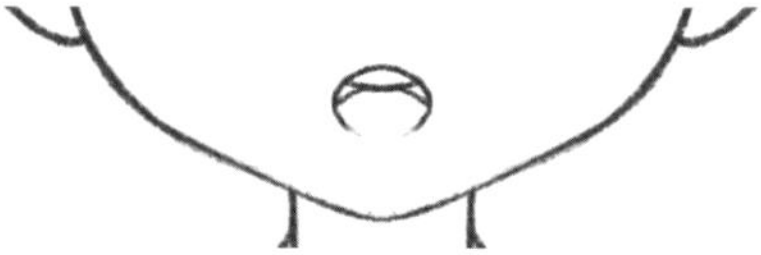

O-förmiger Mund: Diese Form zeigt Überraschung oder neutrales Sprechen an.

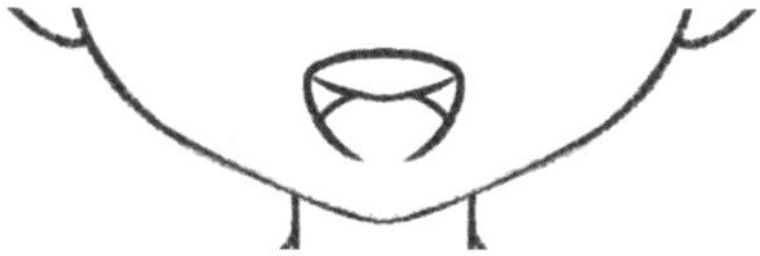

Dreieck mit runden Ecken: Ein so geöffneter Mund zeigt, dass die Figur freudig ist oder gerade redet.

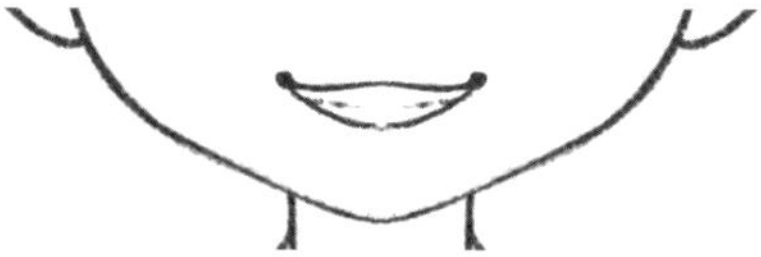

Bananenform: Mit dieser Form kannst du einen grinsenden Mund andeuten. Dort, wo die Zähne aufeinander treffen, befindet sich eine unterbrochene Linie.

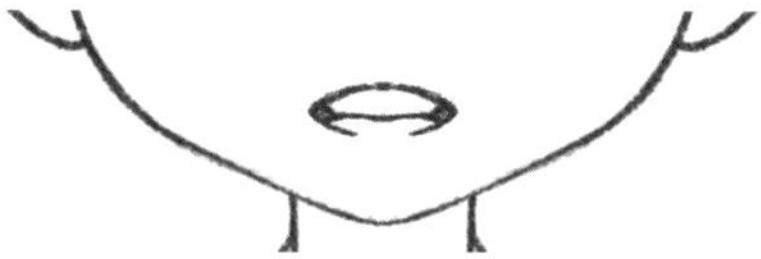

Oval: Eine andere Möglichkeit für einen neutral geöffneten bzw. sprechenden Mund.

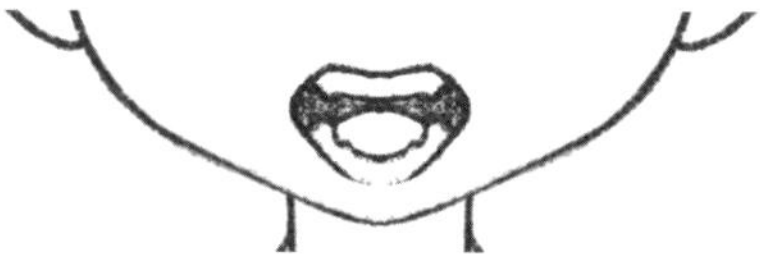

Herzförmiger Mund: Erinnert die Mundform grob an ein eckiges Herz, ist der Ausdruck energischer, fast schon wütend.

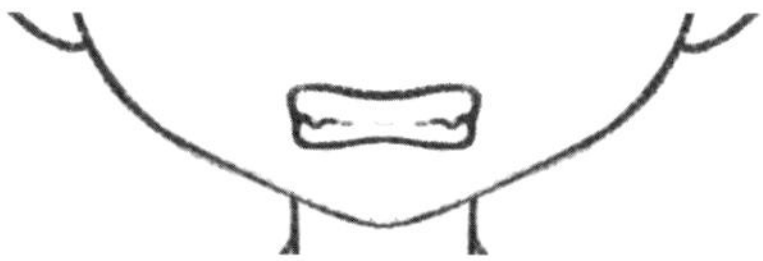

Knochenform: Dies ist eine gute Möglichkeit, um zusammengebissene Zähne zu zeichnen. Auch hier ist die Linie für die Zähne leicht unterbrochen.

EMOTIONEN MIT GESCHLOSSENEM MUND

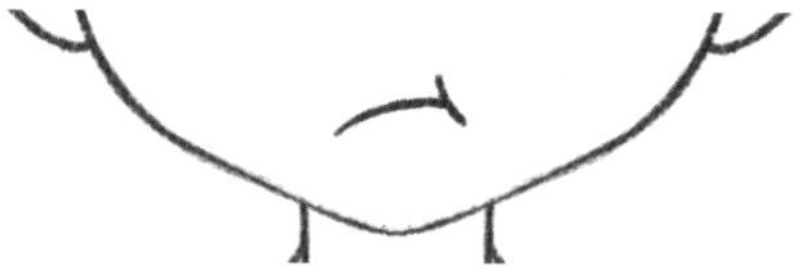

Ein schräger Strich mit einem Bogen an der Seite ist eine gute Möglichkeit, eine beleidigte Figur zu zeichnen. So wird gezeigt, dass die eine Wange mit Luft aufgeblasen ist.

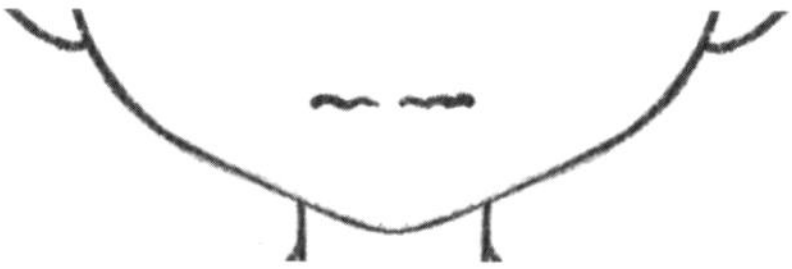

Eine wellige bzw. zackige, unterbrochene Linie zeigt Unwohlsein oder leichte Panik, zum Beispiel, wenn ein Charakter sich unter Druck gesetzt fühlt.

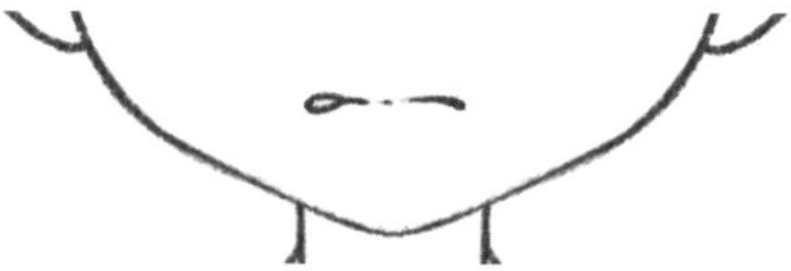

Beißt sich die Figur leicht auf die Unterlippe, kann das ein Zeichen für negative Emotionen wie Ärger oder Nervosität sein.

BLICKRICHTUNG UND NEIGUNG DES KOPFES

Um Emotionen noch stärker deutlich zu machen, hilft es sehr, wenn du auch die Blickrichtung bzw. die Neigung des Kopfes mit in Betracht ziehst. So wird sich ein Charakter, der sich gerade aufrichtig freut, eher dem Betrachter zuwenden als eine Figur, die sich gerade schlecht fühlt und lieber für sich sein möchte. Aber schauen wir uns doch direkt ein paar Beispiele an.

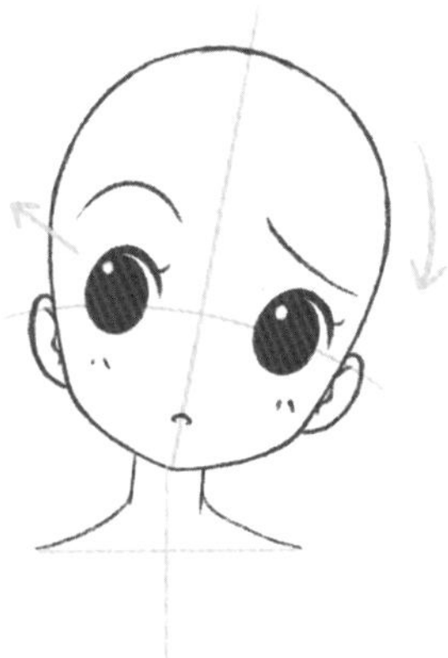

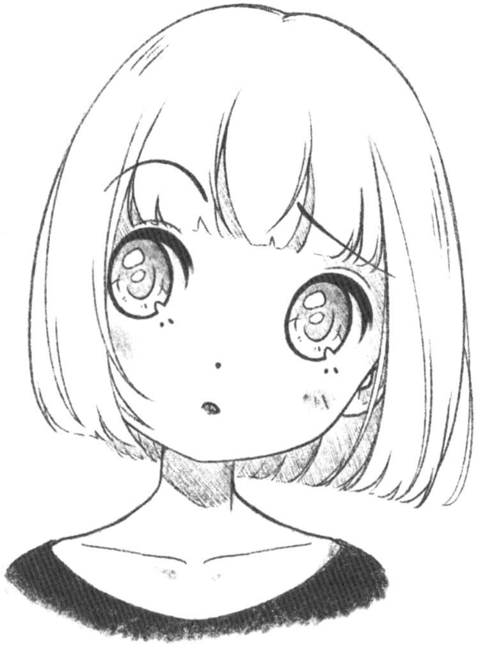

FRAGEND/NACHDENKLICH

Wenn wir über etwas nachdenken oder versuchen, uns an etwas zu erinnern, wandert unser Blick oft nach oben rechts oder oben links. Um diese Blickrichtung noch zu verstärken, wird auch der Kopf zur Seite geneigt. Achte dabei darauf, dass Haare in diesem Fall der Schwerkraft folgen und daher auch zu der Seite fallen, zu der sich der Kopf neigt.

TIPP

Wenn deine Figur nach oben links schaut, zeichne auch den Lichtreflex im Auge in die linke, obere Ecke. Das verstärkt den Eindruck der Blickrichtung.

HOFFNUNGSVOLL

Ist eine Figur voller Hoffnung und positiv gestimmt, richtet sich der Blick nach oben in den Himmel. Der Kopf fällt dabei in den Nacken – achte auch hier darauf, dass die Haare wieder der Schwerkraft folgen. In diesem Fall hat die Figur die Augen zufrieden geschlossen, sie können aber auch nach oben schauen.

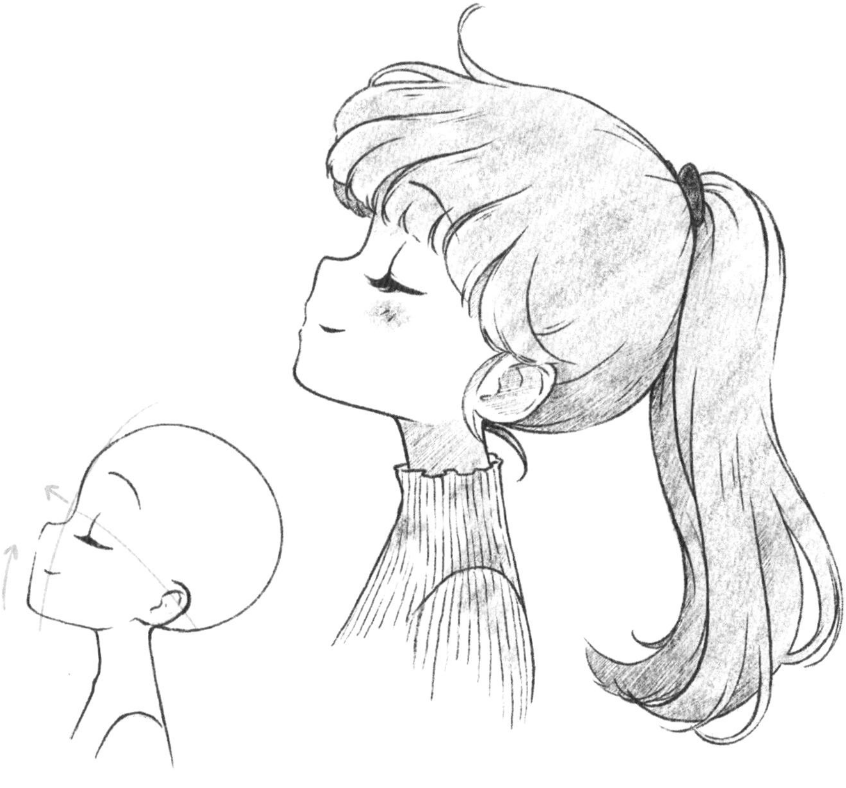

WÜTEND

Ein wütender Charakter hat den Kopf nach unten geneigt und sein gegenüber mit einem festen Blick fixiert – das Ziel der Wut wird anvisiert. Bei dieser Perspektive sind Augen, Mund und Nase optisch näher zusammen, man spricht hierbei auch von einer „verkürzten Perspektive".

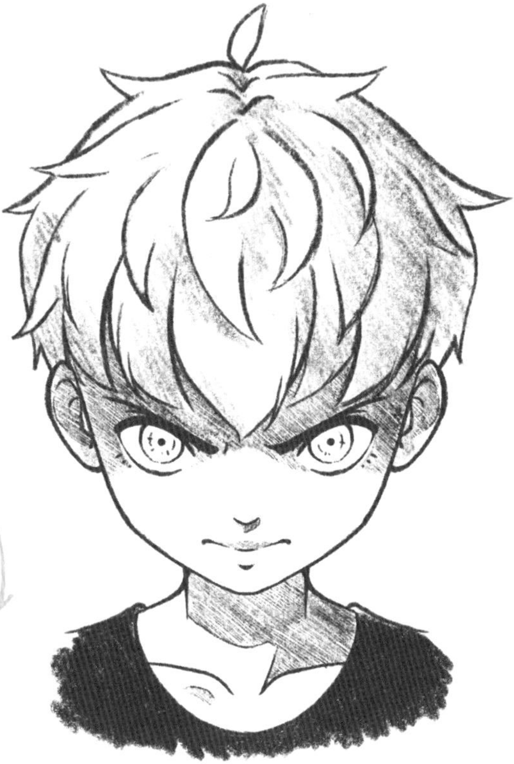

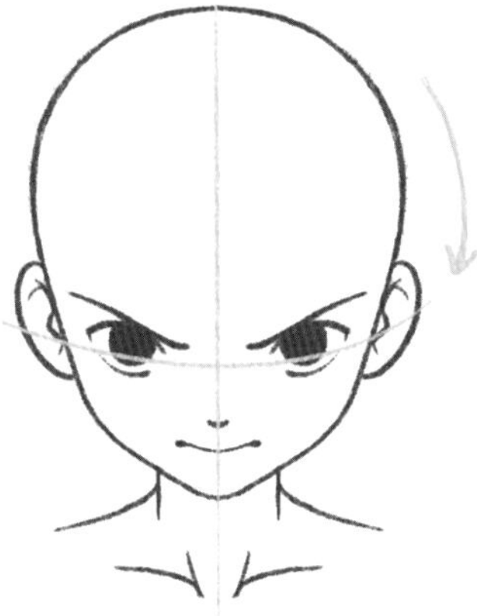

TIPP

Wir assoziieren in der Regel „oben" mit positiven und „unten" mit negativen Emotionen. Das ist sogar in unserer Sprache erkennbar: Wir können uns „wie auf Wolke sieben", „wie im Himmel" oder „hocherfreut" fühlen, aber auch „niedergeschlagen", „down" oder „am Boden zerstört". Bedenke dies bei der Haltung deiner Charaktere, wenn du entsprechende Emotionen darstellen möchtest.

VERZWEIFELT

Der Körper der Figur ist abgewendet und der Kopf nach unten geneigt. Dabei blickt der Charakter über die Schulter nach unten. Auch hier helfen die Haare, den „Zug“ nach unten zu verstärken, indem sie der Figur in die Stirn hängen und gerade nach unten fallen.

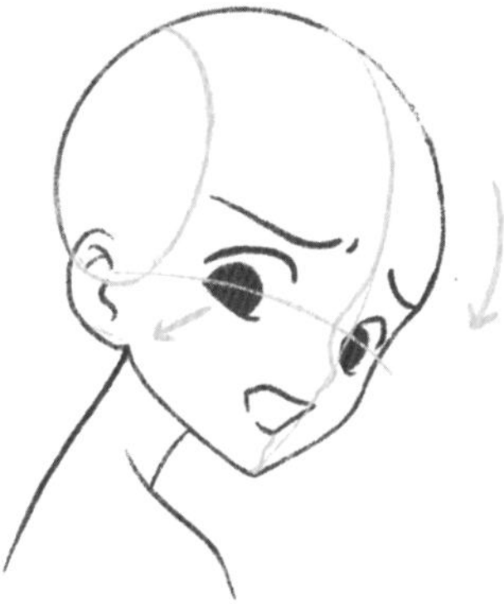

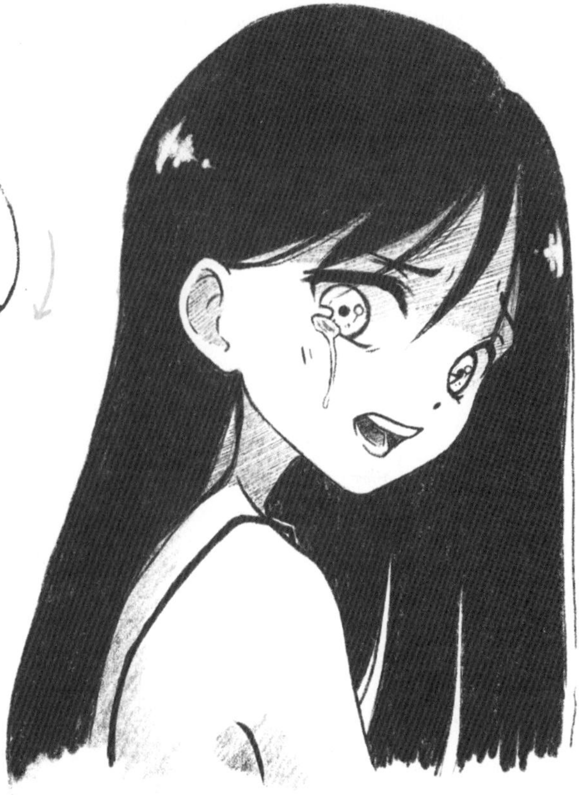

FORMSPRACHE

Oft werden im Manga zusätzlich kleine Zeichen genutzt, um Emotionen noch mehr zu verdeutlichen. Diese kommen insbesondere in Situationen zum Einsatz, die eher lustig sein sollen und bei denen die Gefühle nicht ganz so tiefgründig sind. Und das Beste an der Sache: Sie sind oft super leicht zu zeichnen.

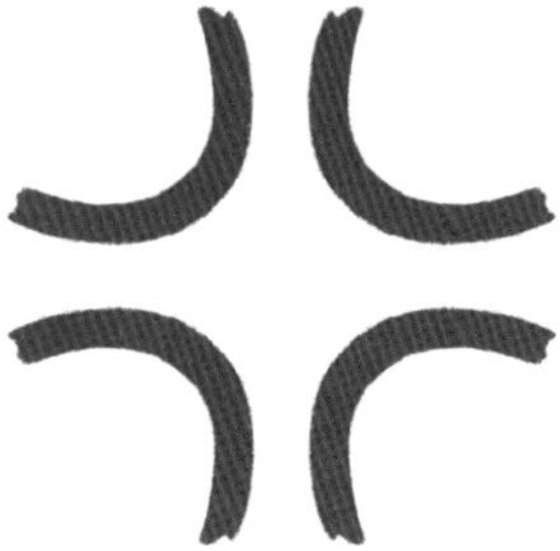

ERRÖTEN

Wenn man sich freut oder einem etwas peinlich ist, schießt einem das Blut in die Wangen und man wird rot im Gesicht. Im Manga-Stil kann das gut dargestellt werden, indem mehrere kleine Striche auf die Wangen gezeichnet werden.

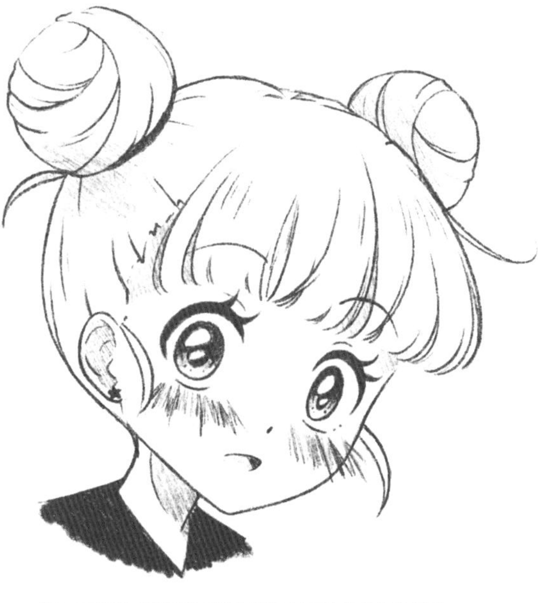

DIE STRICHE KÖNNEN AUCH EINE ZACKENFORM HABEN

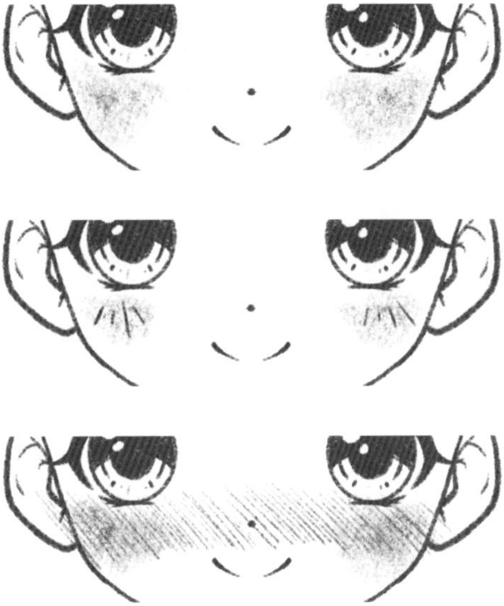

Je nachdem, wie stark die Figur errötet, kannst du mehr oder weniger Striche zeichnen, oder die Wangen auch nur leicht schattieren. Die Striche können sich entweder nur auf den Wangen befinden oder über das Ganze Gesicht laufen (bzw. sogar darüber hinaus) – je nachdem, wie stark die Figur errötet.

TIPP

Auch wenn Figuren leicht angetrunken sind, werden sie rot im Gesicht. Kleine „Bläschen“ neben der Figur verdeutlichen noch mehr, dass sie ein bisschen beschwipst ist.

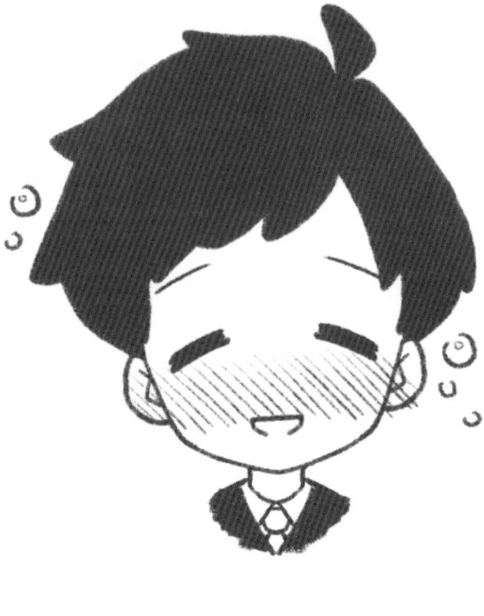

SCHWEISSPERLEN

Gerät man in eine etwas peinliche oder unangenehme Situation, fängt man oft an zu schwitzen. Dies kannst du auf verschiedene Arten darstellen: Ein einzelner, großer Schweißtropfen eignet sich eher für lustige Situationen.

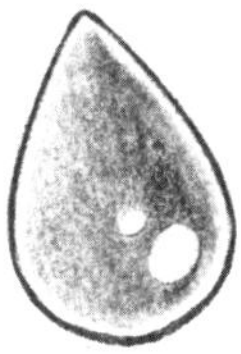

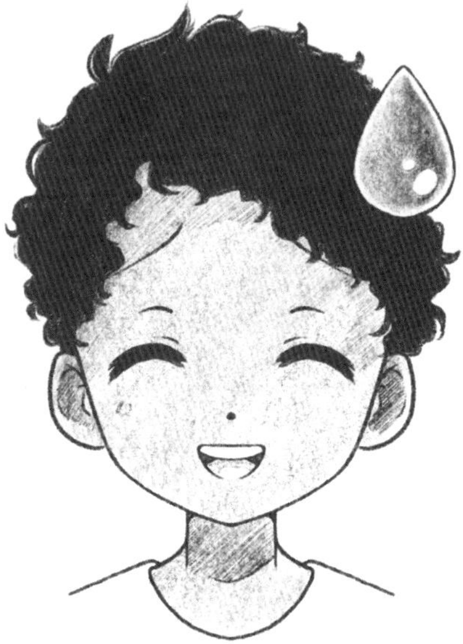

Mehrere kleine Schweißperlen auf dem Gesicht sind realistischer und können auch für ernstere Szenen benutzt werden.

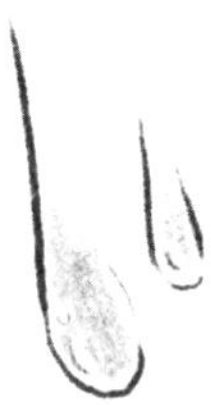

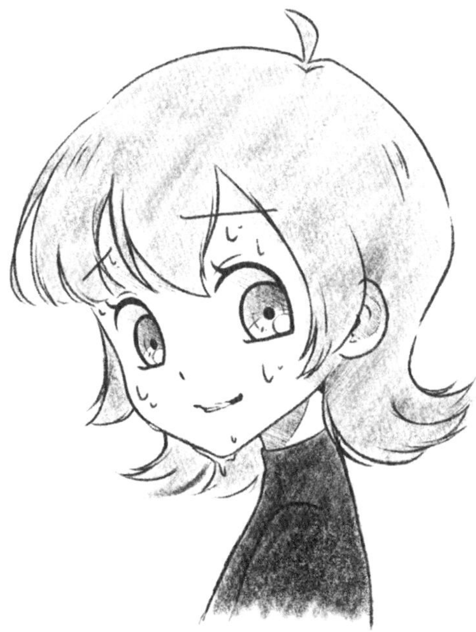

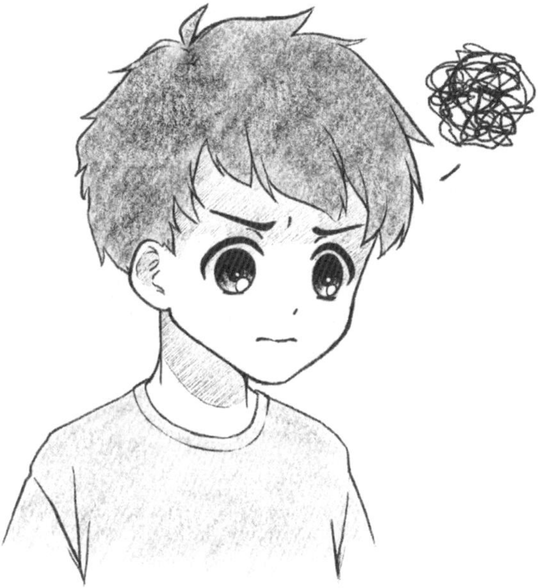

GRUMMELN

Ein großes Gekrakel neben dem Kopf einer Figur kann anzeigen, dass sie gerade wegen irgendetwas verdrossen oder angefressen ist. Zeichne dafür einfach nach belieben zackige Linien, die ungefähr die Form eines „Balls“ haben.

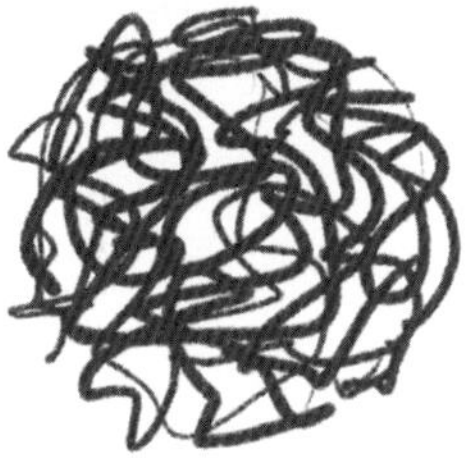

PULSIERENDE ADER

Diese „Kreuze“ werden oft benutzt, um einen Charakter besonders wütend aussehen zu lassen. Sie symbolisieren die Adern auf der Stirn, die hervortreten, wenn einem das Blut in den Kopf schießt, weil man gerade besonders sauer ist. Du kannst ein einzelnes verwenden, oder gleich mehrere in verschiedenen Größen rund um den Kopf des Charakters oder auf dessen Stirn platzieren.

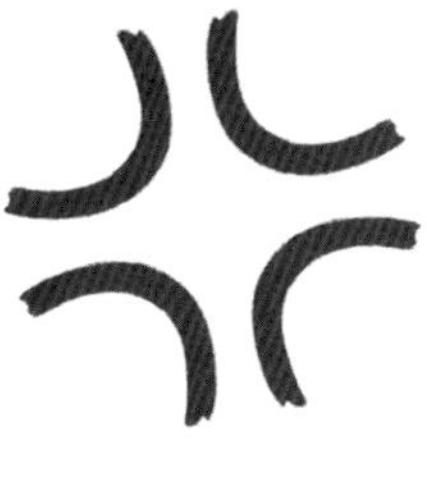

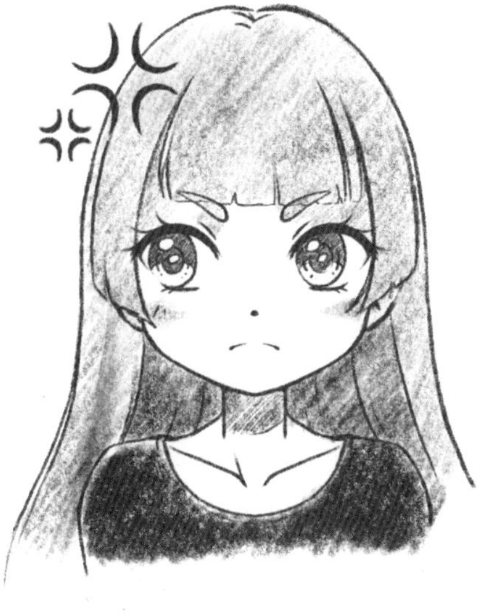

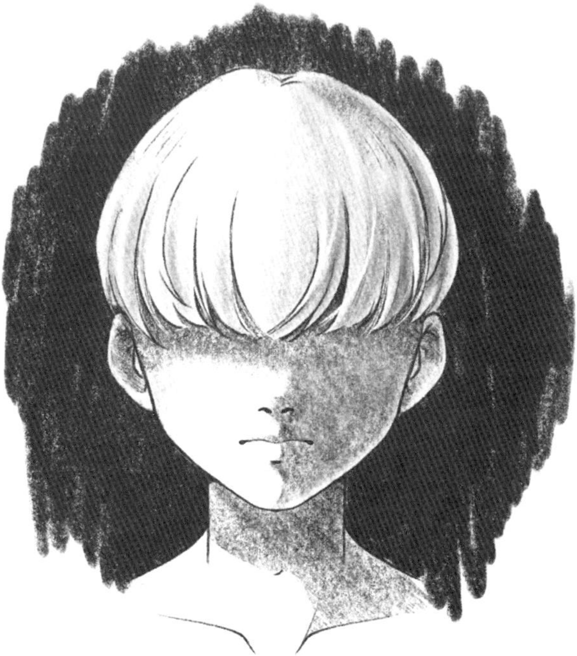

SCHATTEN

In der Literatur liest man manchmal, dass sich „ein Schatten über die Augen einer Figur legt". Das können wir hier wörtlich nehmen und anstelle der Augen den Bereich komplett schattieren. Besonders eindrücklich wirkt dazu ein dunkler Hintergrund.

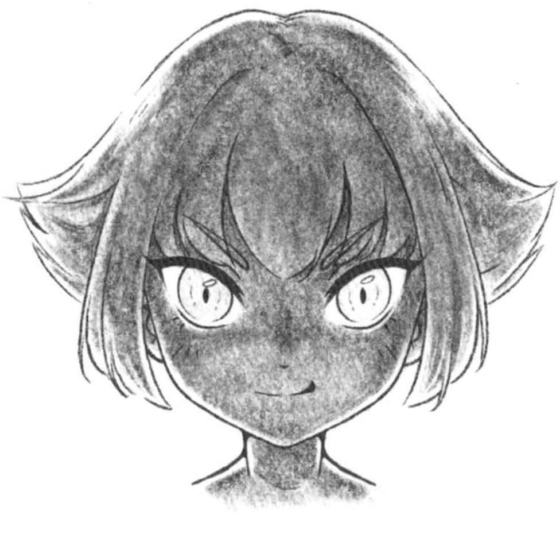

Außerdem kann auch die Richtung, aus der das Licht auf den Charakter fällt, dazu beitragen, die Emotionen in einer Situation zu verstärken: Kommt das Licht beispielsweise von hinten, wirkt ein Charakter nochmal bedrohlicher und unheimlicher.
Nutze für diesen Effekt einen Radiergummi, um die Lichter an den Rändern herauszuarbeiten.

SPRECHBLASEN UND SOUNDWORDS

Sprechblasen und Soundwords können gut dazu eingesetzt werden, um eine bestimmte Emotion noch klarer zu machen. In Sprechblasen können zum Beispiel Symbole wie Herzchen, Musiknoten oder Sternchen stehen, aber auch Frage- oder Ausrufezeichen können einen Ausdruck nochmal verstärken. Zusätzlich werden auch oft Soundwords wie „Huh?“ „Grr“ oder „Pff“ klein neben Charaktere geschrieben, um zusätzlich auch ein akustisches Bild der Situation zu vermitteln.

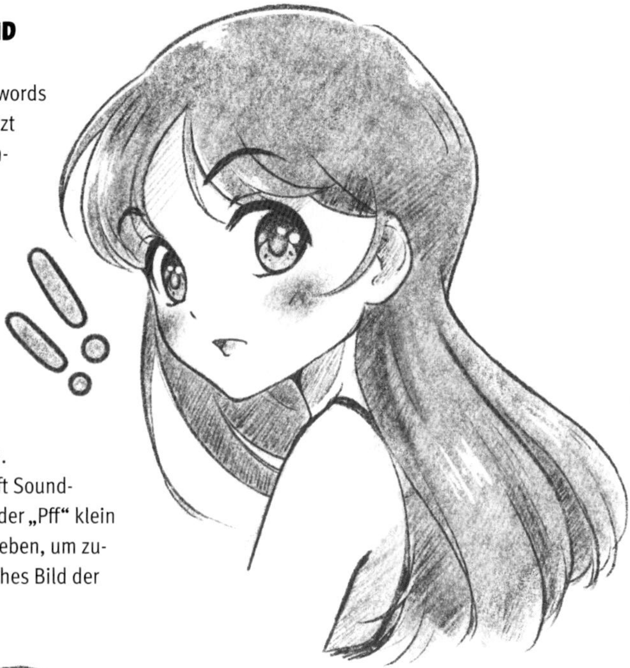

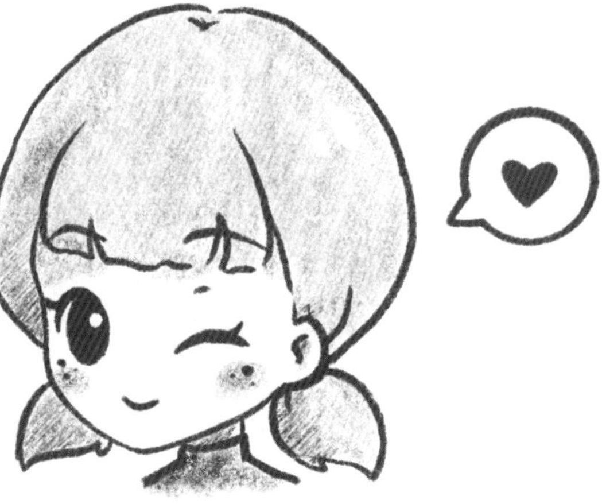

TIPP

Auch die Form von Sprechblasen verstärkt die jeweilige Emotion: Runde, „wolkige“ Sprechblasen eigenen sich für fröhliche Ausdrücke, während zackige Sprechblasen für lautes Schreien stehen.

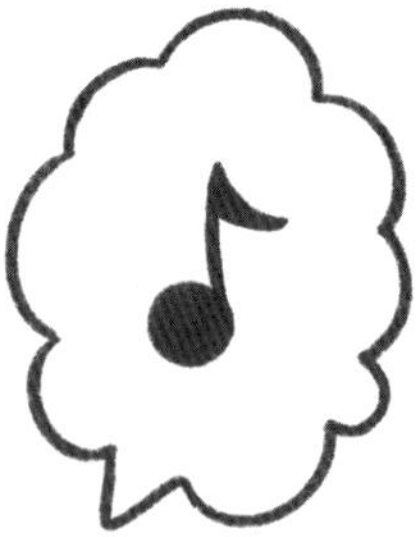

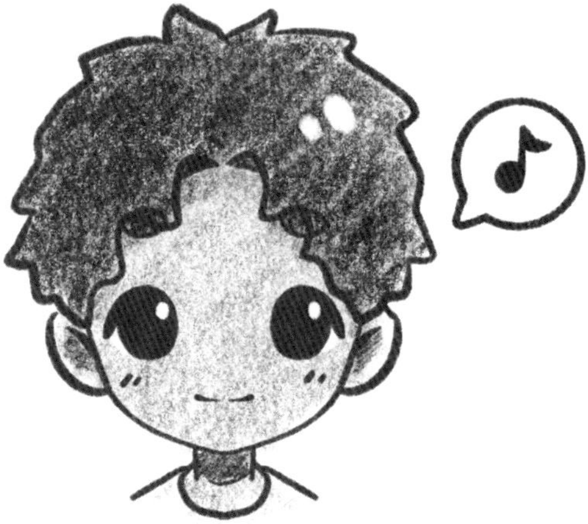

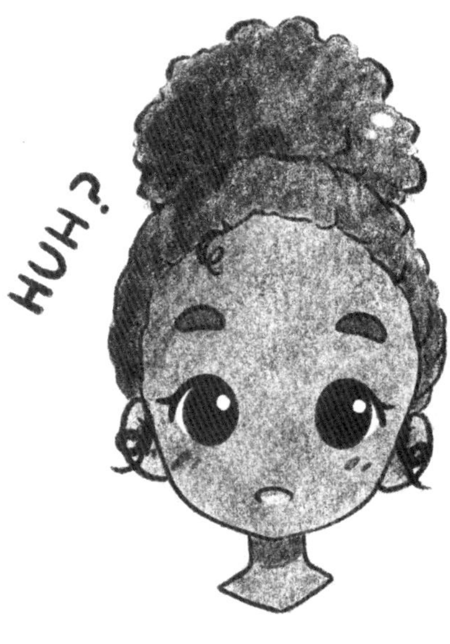

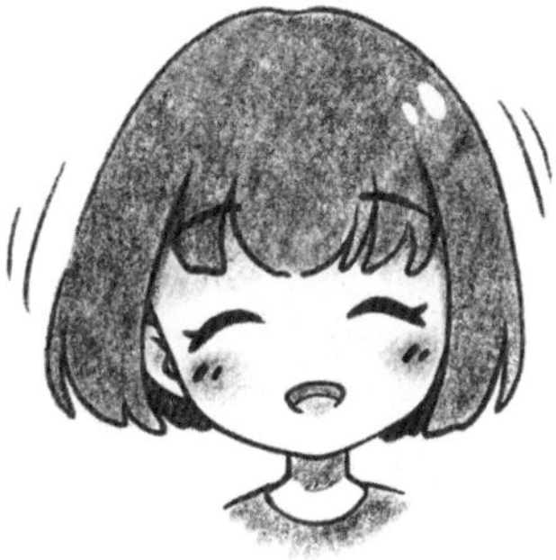

LINIEN

Einzelne Linien können genutzt werden, um Emotionen zu verstärken oder Bewegungen von Figuren deutlich zu machen. Zum Beispiel können viele Linien, die auf eine Figur zentriert sind, eine Gefühlslage verstärken, indem sie den Fokus noch mehr auf das Gesicht des Charakters lenken.
Zwei kleine, runde Linien können genutzt werden, um das leichte Wackeln des Kopfes beim Lachen zu verdeutlichen. Auch für Nicken, Kopfschütteln oder sich umdrehen können solche Linien genutzt werden, um die Bewegung der Figur zu verdeutlichen.

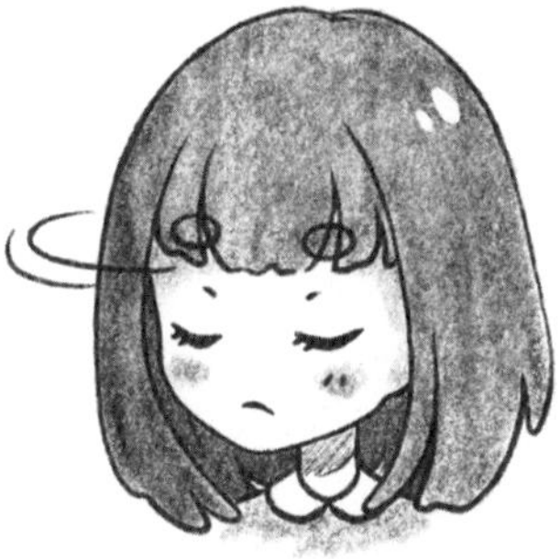

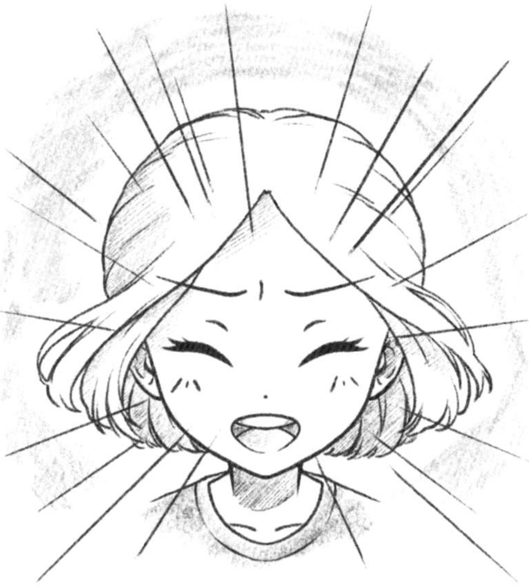

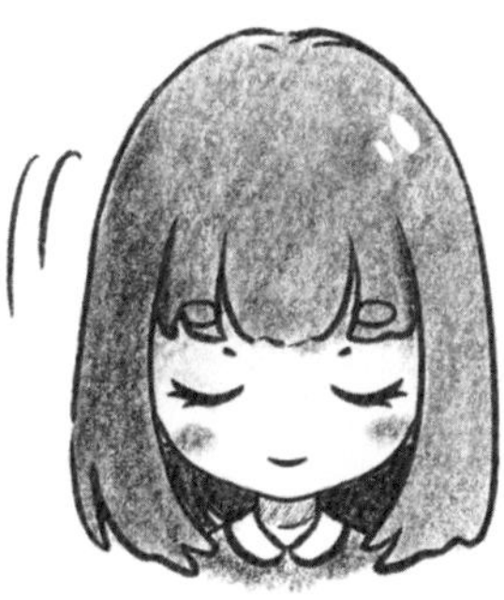

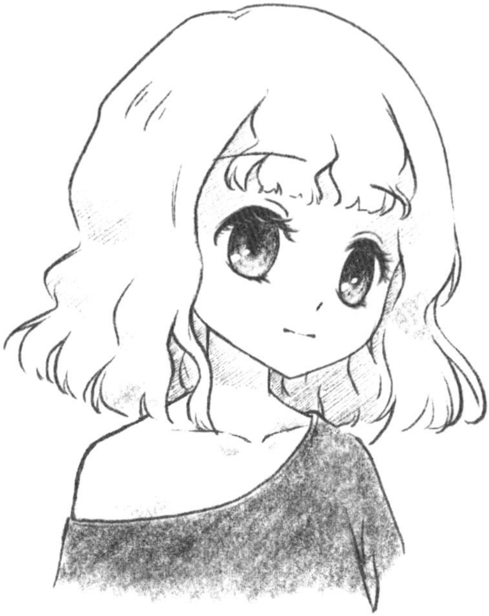

INTENSITÄT VON EMOTIONEN

Von jeder Emotion gibt es verschiedene Abstufungen. Du kennst das bestimmt: Manchmal findet man etwas nur ein bisschen lustig, in anderen Situationen kann man sich vor Lachen kaum noch halten. Je stärker die Emotion, desto übertriebener kann sie mit den Merkmalen, die du bis hierhin gelernt hast, dargestellt werden.

Ist eine Figur nur ein bisschen traurig, schaut sie vielleicht zu Boden und hat einen ernsten Gesichtsausdruck.

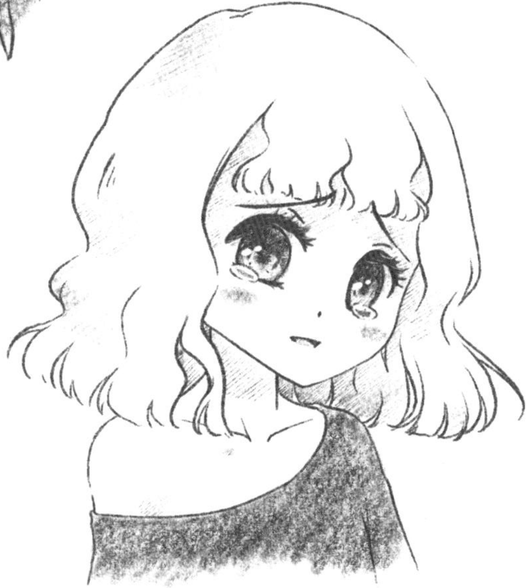

Geht es ihr wirklich schlecht, fängt sie möglicherweise an zu weinen. Tränen sammeln sich in den Augenwinkeln und die Augenbrauen sind nach außen gekippt.

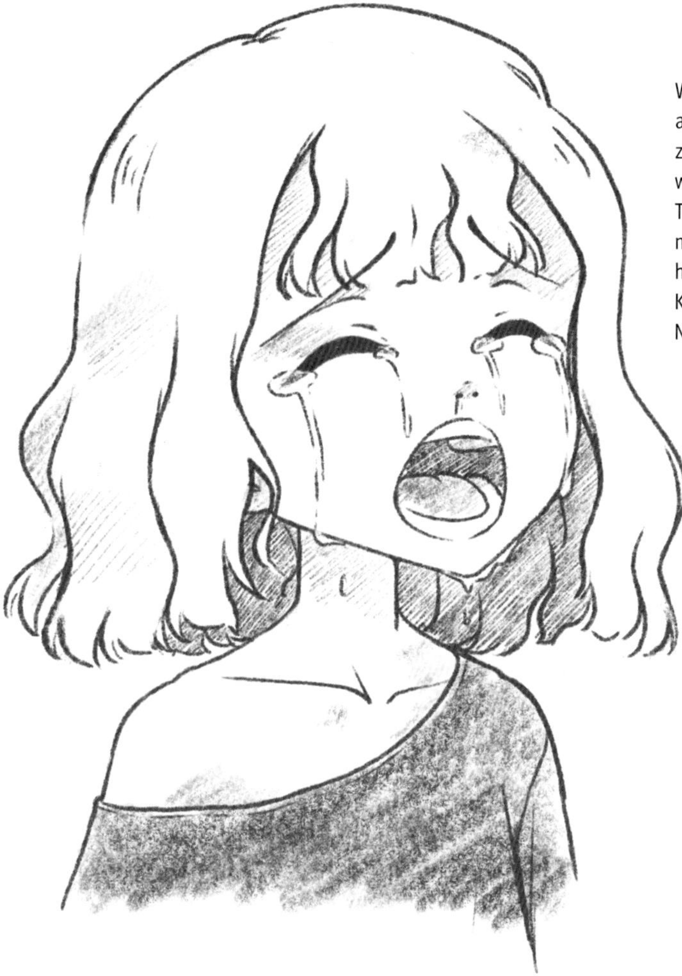

Weint eine Figur aus ganzem Herzen, ist der Mund weit geöffnet, Tränen strömen nur so die Wangen hinunter und der Kopf ist in den Nacken geworfen.

TIPP

Je stärker die Emotion, desto mehr wirkt sie sich auch auf den gesamten Körper aus. Während sich schwächere Gefühle erst einmal nur an Augen und Mund abzeichnen, sind stärkere Gefühle auch an der Haltung von Kopf, Körper und Händen erkennbar.

EMOTIONEN BEI CHIBIS

Chibis sind kleine, niedliche und stark reduzierte Charaktere, die sich besonders gut dafür eignen, Emotionen noch stärker und übertriebener darzustellen. Hier gibt es quasi keine Grenzen: So kann sich der Mund zum Beispiel über das Gesicht hinaus ausdehnen, Augen können als Spiralen dargestellt werden oder das Gesicht kann gänzlich leer bleiben. Beginnen wir mit einer kurzen Einleitung, wie du ein Gesicht im Chibi-Style zeichnen kannst.

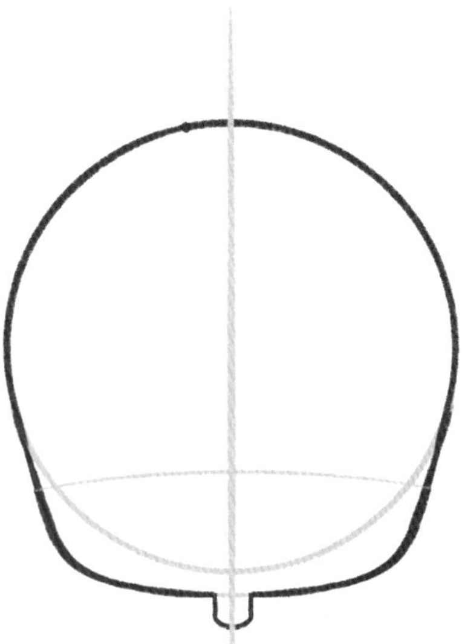

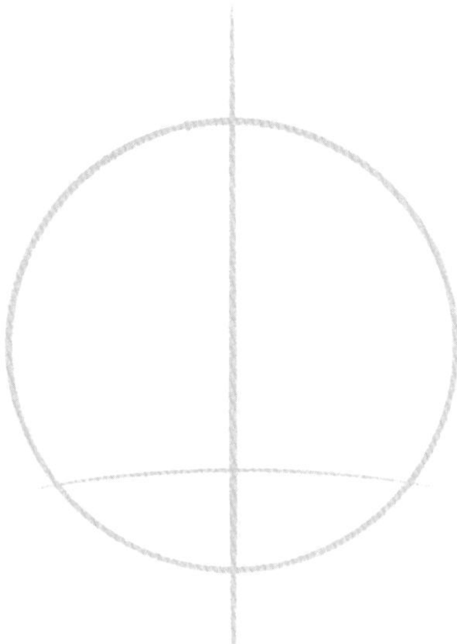

SCHRITT 2 Forme nun aus deinem Kreis einen Kopf. Die Gesichtsform von Chibis ist sehr rundlich, oft haben sie kein richtiges Kinn und manchmal gehen die Kreislinien vom Kopf sogar direkt in den Hals über.

SCHRITT 1 Wie auch bei einem gewöhnlichen Gesicht im Manga-Stil beginnst du erst einmal mit einem Kreis. Zeichne dir auch hier eine Hilfslinie durch die Mitte ein, damit am Ende beide Gesichtshälften gleich groß sind.

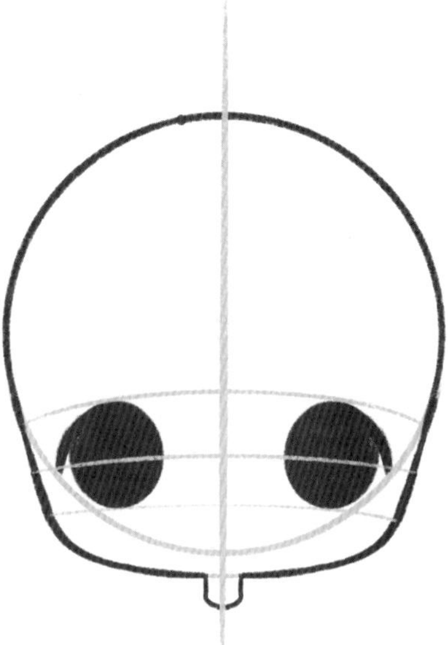

SCHRITT 3 Zeichne nun Hilfslinien für die Augen ein. Da Chibis besonders niedlich wirken sollen, befinden sich Mund und Augen sehr nahe beieinander und sehr weit unten im Gesicht. Auch hier zeichnest du wieder zunächst ein Oval in beide Gesichtshälften ein.

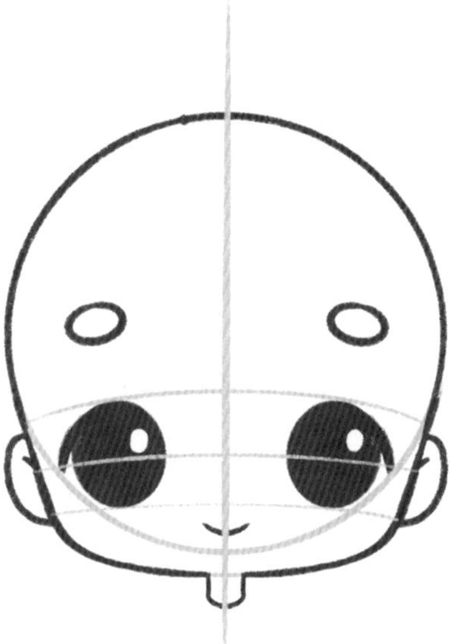

SCHRITT 4 Als nächstes sind Mund und Ohren dran. Außerdem kannst du die Ovale zu richtigen Augen machen, indem du einfach den oberen Bogen der Augenform andeutest. Wenn du die Augen simpel halten möchtest, reicht es sogar, wenn du sie ganz ausfüllst und dann nur einen Lichtreflex in eine Ecke der Augen setzt. Als Augenbrauen dienen kleine Ovale.

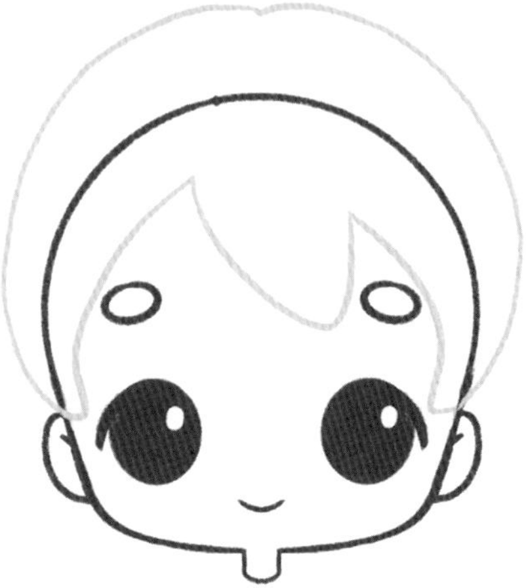

SCHRITT 5 Jetzt kommen noch die Haare dran. Auch die sind im Chibi-Stil nochmal reduzierter und es reicht, wenn du ganz grob die Form der einzelnen Strähnen einzeichnest.

SCHRITT 6 Wenn du den Charakter besonders niedlich machen willst, rundest du die Enden der Strähnen ab, anstatt sie wie sonst spitz zulaufen zu lassen.

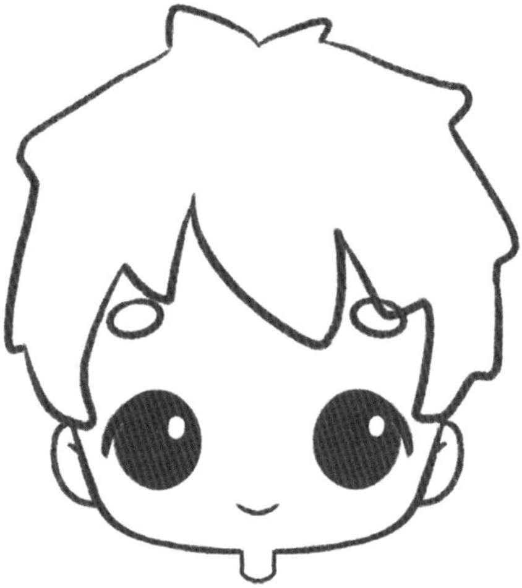

TIPP

In vielen Manga „verwandeln" sich die Figuren quasi während besonders lustiger Szenen in kleine Chibi-Figuren. Das ist eine tolle Möglichkeit, um Komik darzustellen.

GESICHTSAUSDRÜCKE BEI CHIBIS

Emotionen bei Chibis sind super vielseitig und glücklicherweise oft sehr einfach mit wenigen Strichen darzustellen. Hier findest du ein paar Beispiele dafür, wie das aussehen könnte.

VERSCHMITZT

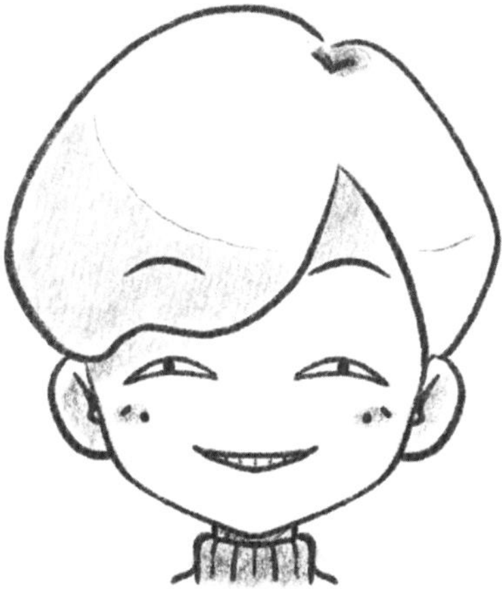

GENERVT

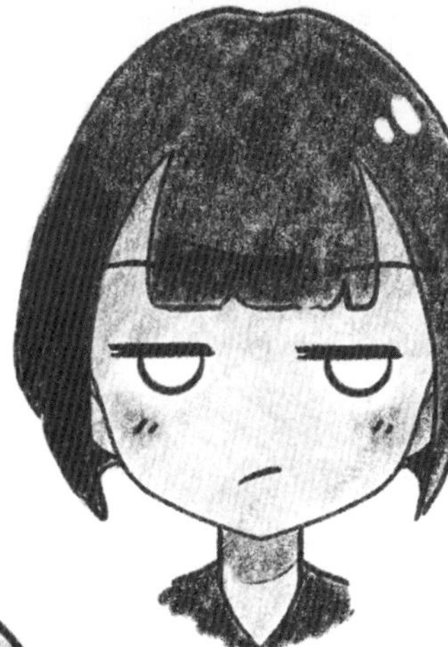

VERÄRGERT

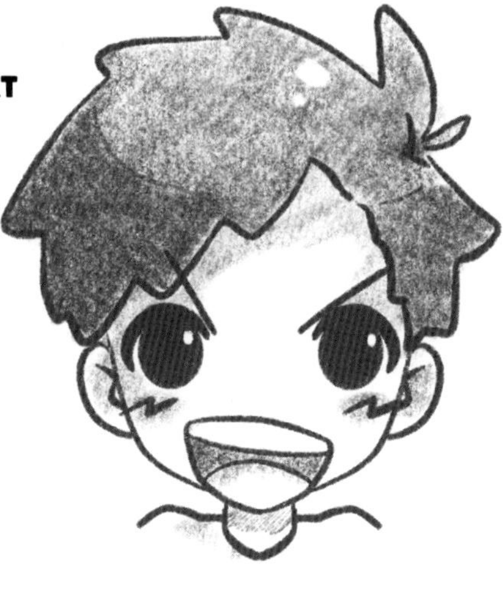

PLANLOS

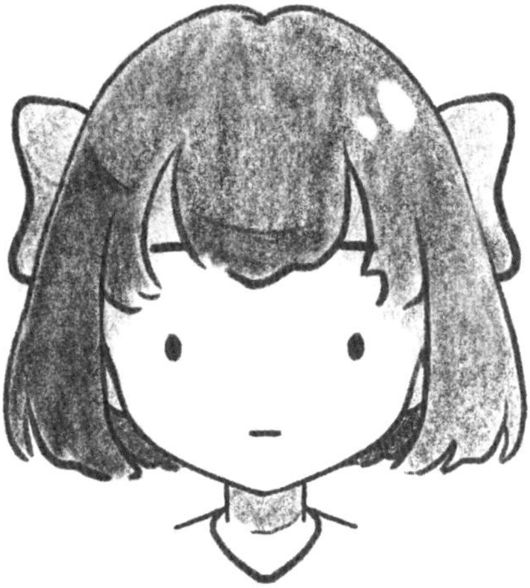

VERWIRRT

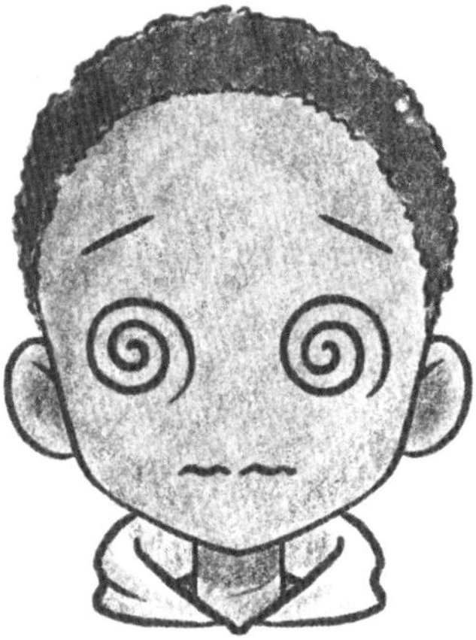

BEGEISTERT

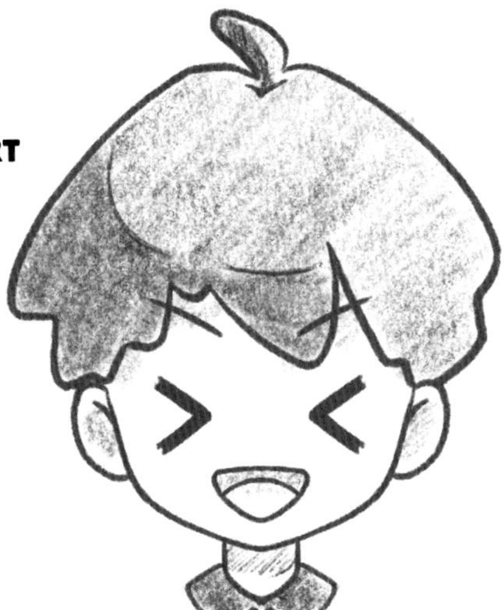

TRAURIG

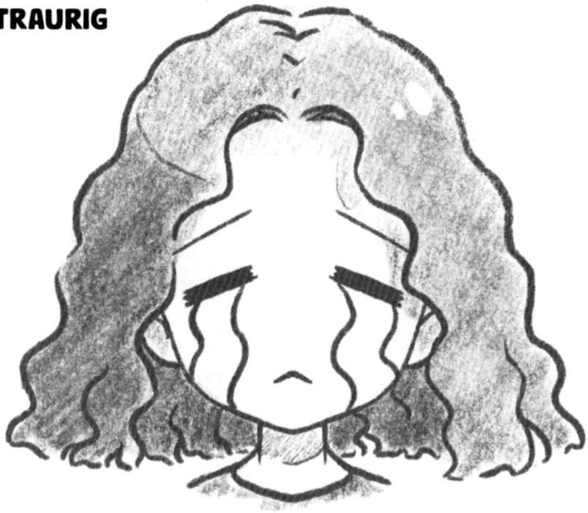

GESCHOCKT

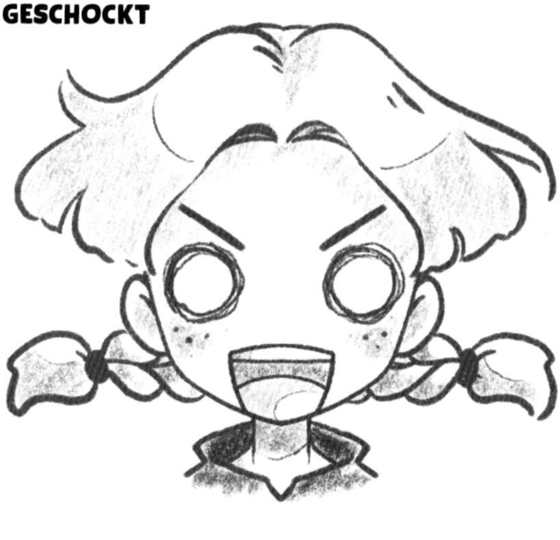

2

SCHRITT FÜR SCHRITT-ANLEITUNGEN

Auf den folgenden Seiten findest du eine Reihe von Anleitungen, mit denen du Schritt für Schritt verschiedene Illustrationen rund um das Thema des Buches nachzeichnen kannst. So kommst du ganz einfach zu einem fertigen kleinen Kunstwerk.

Du kannst die Zeichnungen aber natürlich auch nach deinen Vorstellungen abwandeln – dazu kannst du zum Beispiel Fotos oder Bilder anderer Künstler zum Vorbild nehmen. Im dritten Kapitel dieses Buchs findest du aber auch eine Reihe von Beispielen und Inspirationen, die du je nach Lust und Laune integrieren kannst.

ÜBERSICHT

Es wird jetzt Zeit, das Gelernte in die Praxis umzusetzen. In diesem Kapitel findest du folgende sechs Beispielzeichnungen, deren Entstehungsweise Schritt für Schritt erklärt wird.

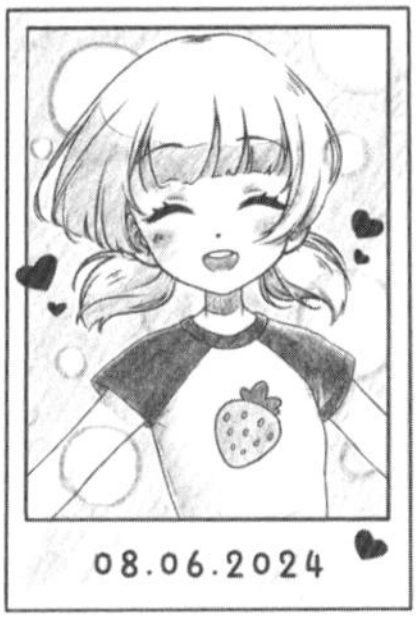

Seite 66

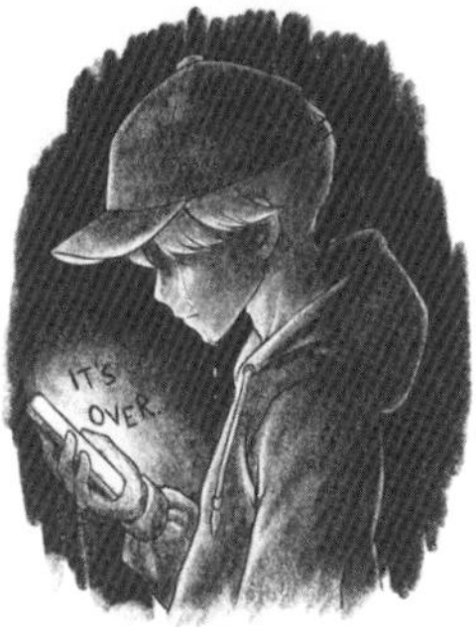

Seite 73

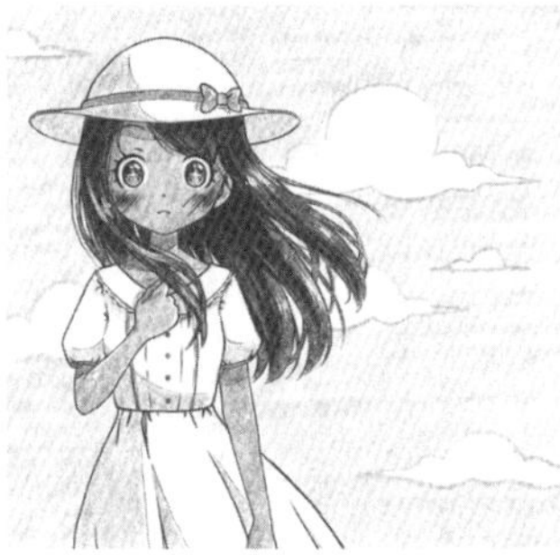

Seite 80

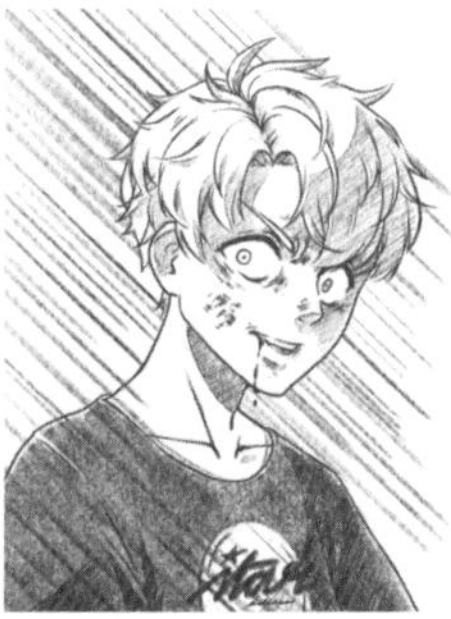

Seite 87

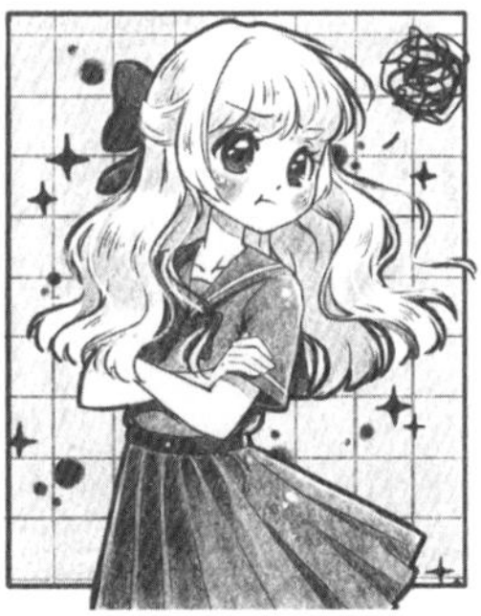

Seite 94

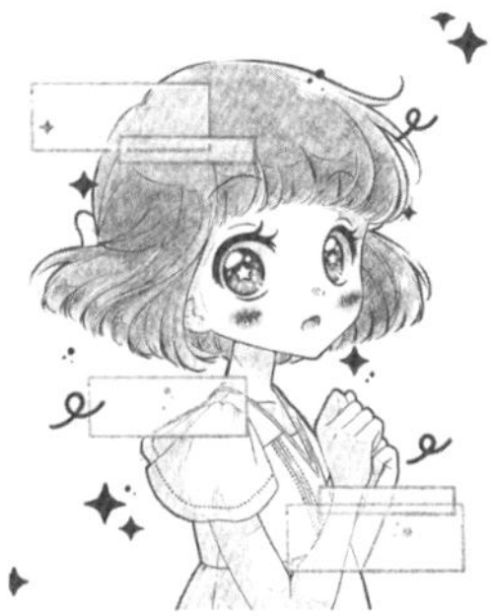

Seite 101

HAPPY GIRL

Dieses Motiv ist wie der Schnappschuss aus einer Sofortbildkamera aufgebaut. Dadurch wirkt es natürlich und spontan.

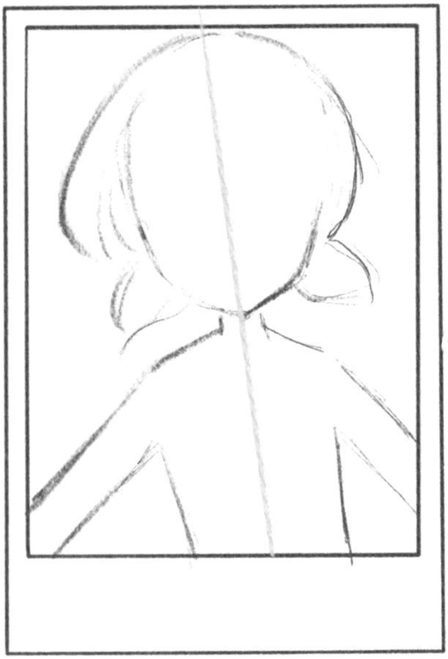

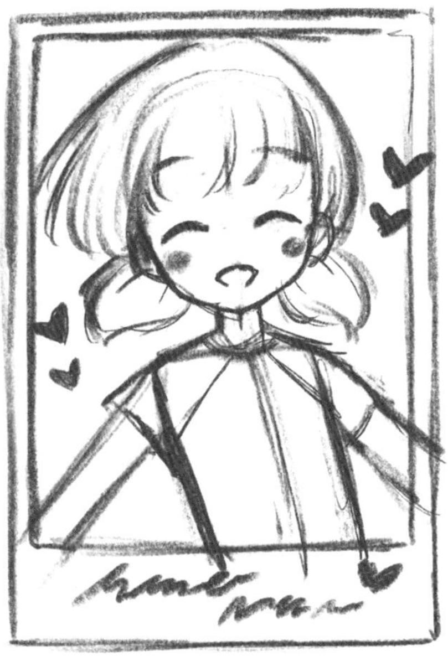

SCHRITT 2 Zeichne als erstes den Fotorahmen und nimm dir am besten ein Lineal oder Geodreieck zur Hilfe. Dann zeichnest du schon einmal ganz grob die Platzierung deiner Figur ein. Das dient dazu, dass du deiner Komposition treu bleibst und später genug Platz im Rahmen für die Figur hast. Es kann helfen, mit einer Linie die ungefähre Ausrichtung der Figur zu bestimmen.

SCHRITT 1 Wenn du eine neue Zeichnung beginnst, solltest du erst einmal sogenannte „Thumbnails“ erstellen. Thumbnail ist das englische Wort für Daumennagel, damit sind kleine, schnelle Skizzen gemeint, die dabei helfen, den Bildaufbau festzulegen und deine Idee zu konkretisieren. Mache davon ruhig mehrere auf einmal, denn so kannst du schnell feststellen, welche Pose dir am besten gefällt.

SCHRITT 4 Beginne nun, den Körper etwas ordentlicher einzuzeichnen. Forme also zunächst den Kopf aus und markiere schon einmal die Linie für die Mitte der Augen. Auch die Ohren kannst du bereits andeuten. Zeichne außerdem den Hals ein, von diesem gehen dann die Schultern schräg bis zu den Gelenkkugeln ab.

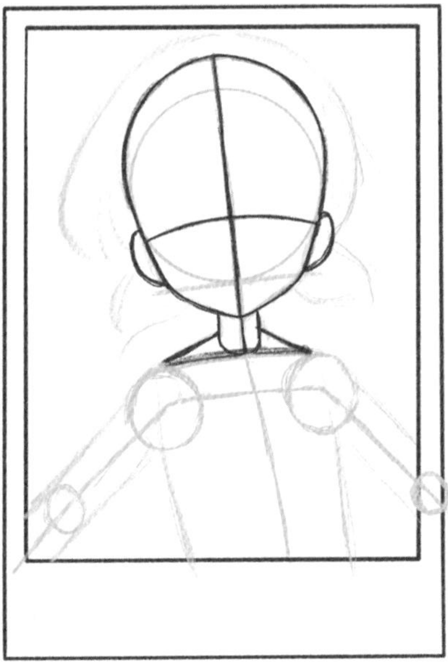

SCHRITT 3 Von hier aus kannst du nun beginnen, deine Figur Schritt für Schritt aufzubauen. Wie du einen Kopf zeichnest, hast du ja bereits gelernt – für den Oberkörper kannst du zunächst so eine Art „Strichfigur" zeichnen, bei der du die Gelenke an den Schultern und Ellenbogen einzeichnest.

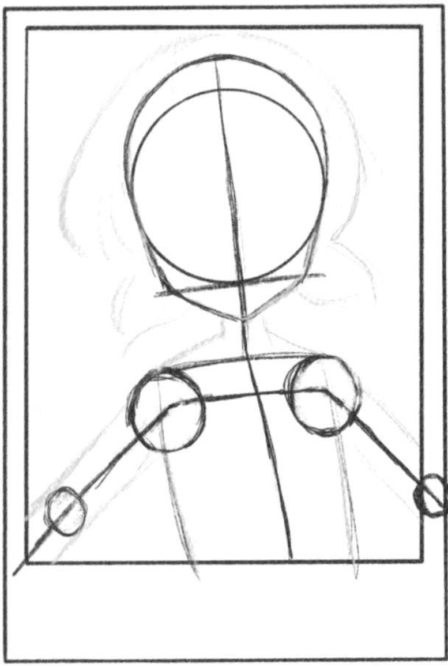

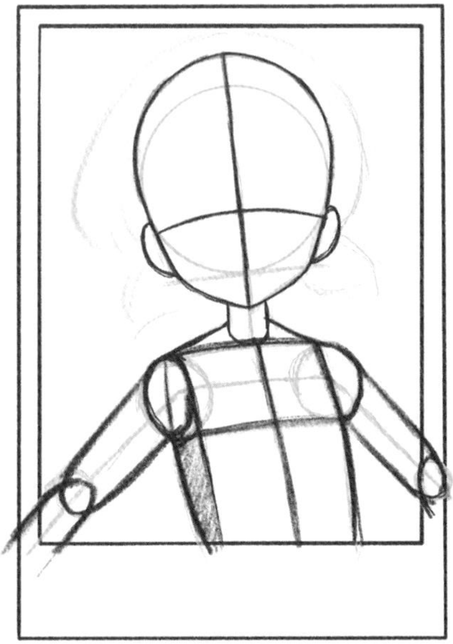

SCHRITT 6 Von den Schultergelenken ausgehend kannst du nun die Arme einzeichnen. Erst einmal reicht hier die grobe Form, die du dir etwa vorstellen kannst wie ein ganz lang gezogenes „U". Wenn du so weit bist, hast du schon das Wesentliche geschafft.

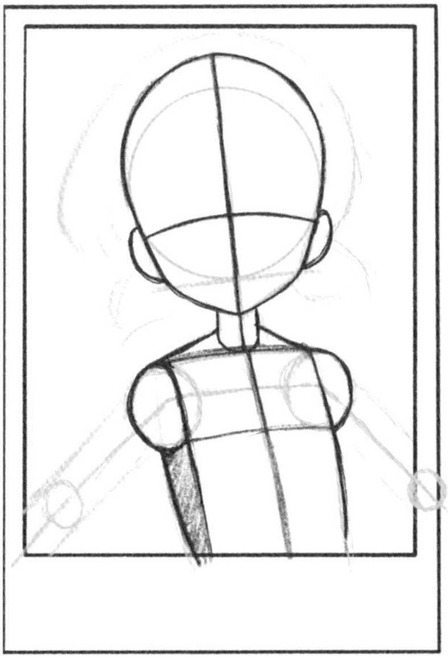

SCHRITT 5 Als nächstes folgt der Oberkörper. Da dieser leicht nach rechts gedreht ist, kannst du ihn links quasi „von der Seite" sehen. Die rechte Gelenkkugel siehst du daher auch nur zur Hälfte. Wenn du beide Kugeln mit einem Strich verbindest, kannst du sicher sein, dass sie die gleiche Größe haben.

TIPP

Wenn du Körper oder Gegenstände zeichnen willst, hilft es, sie in geometrische Formen wie Kugeln und Kästen aufzuteilen. So verstehst du besser, wie das, was du zeichnest, eigentlich funktioniert. Es ist nämlich super wichtig, dass du nicht einfach nur Strich für Strich kopierst, was du siehst, sondern auch verstehst, warum du die Striche an welche Stelle setzt – so kannst du dann viel leichter eigene Zeichnungen entwerfen.

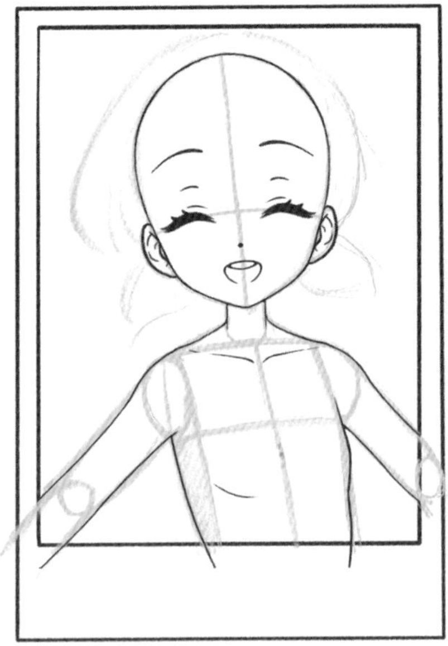

SCHRITT 8 Jetzt kannst du den Oberkörper noch etwas mehr in Form bringen. Arme sind nämlich eigentlich keine geraden Linien, sondern an verschiedenen Stellen unterschiedlich dick. Sie machen an der Schulter einen kleinen Bogen, verlaufen dann relativ gerade und werden zu den Ellenbogen hin wieder breiter. Außerdem kannst du auch das Schlüsselbein einzeichnen.

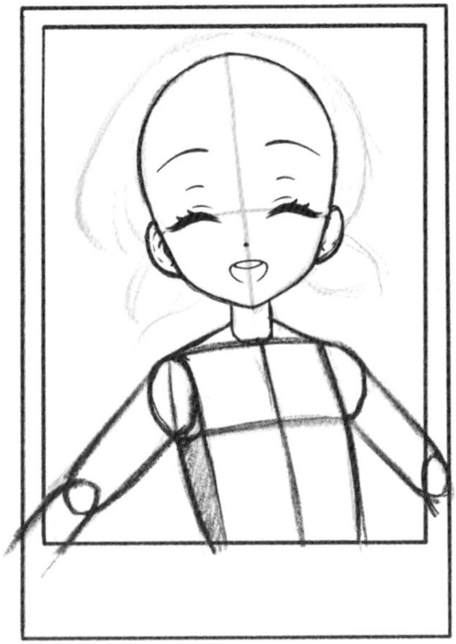

SCHRITT 7 Radiere jetzt die Hilfslinien vom Anfang weg, damit deine Zeichnung übersichtlich bleibt. Als nächstes kannst du nämlich schon das Gesicht einzeichnen: Zwei glücklich geschlossene Augen und ein geöffneter, lachender Mund.

SCHRITT 10 Damit die Haare natürlich wirken, teilst du sie als nächstes in einzelne Strähnen auf. Da sich die Figur bewegt, schwingen die Haare leicht nach links, sodass mehr vom linken als vom rechten Ohr zu sehen ist. Du kannst zuerst ganz grob breitere Strähnen einzeichnen und diese dann im zweiten Schritt noch weiter unterteilen oder einzelne Haare hinzufügen, die quer über die anderen fliegen.

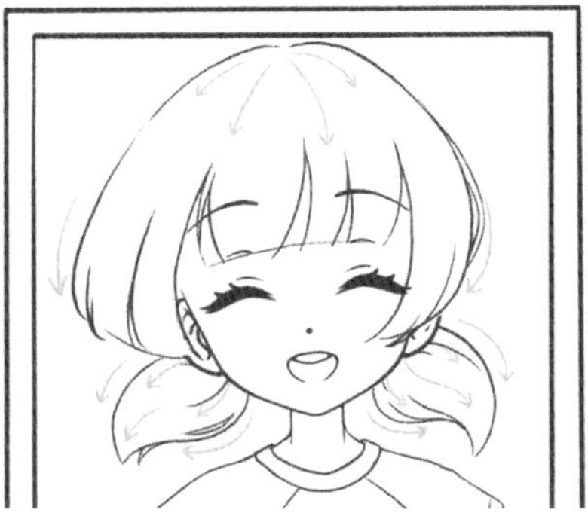

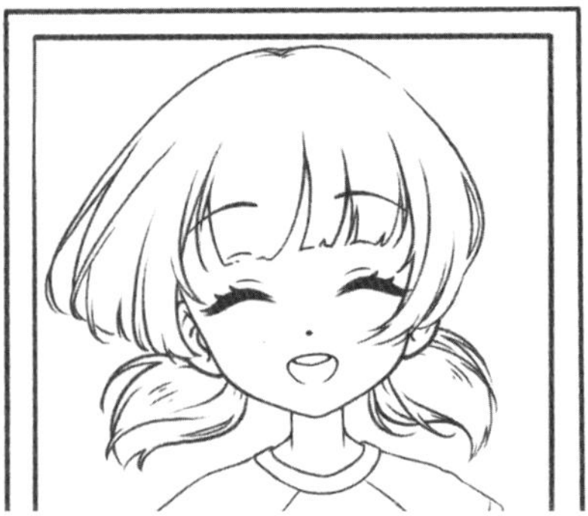

SCHRITT 9 Jetzt kannst du alle Hilfslinien von Torso und Gesicht wegradieren und die Kleidung der Figur einzeichnen. Diese hat immer etwas Abstand zum Körper und es bilden sich leichte Falten an den Armbeugen. Außerdem kannst du jetzt auch wieder die grobe Form der Haare einzeichnen.

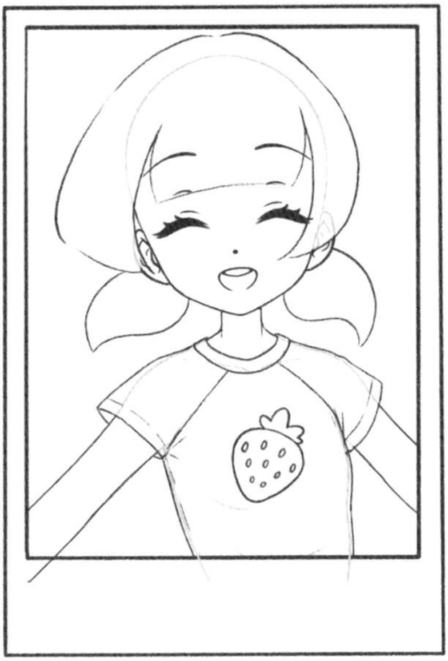

TIPP

Da der Oberkörper leicht nach rechts gedreht ist, sieht man in den linken Ärmel etwas hinein – in den rechten nicht.

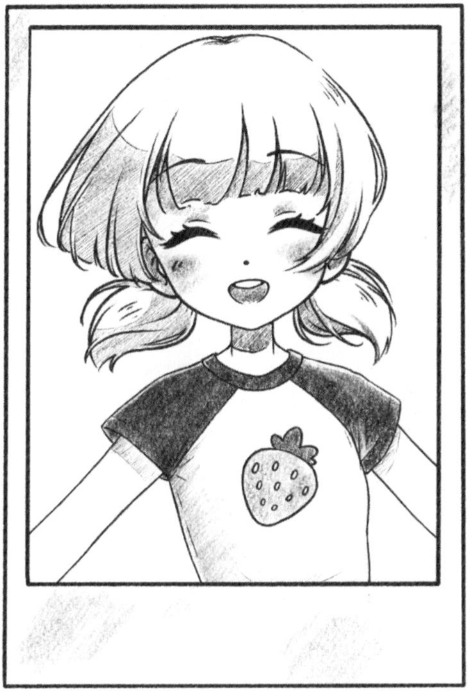

SCHRITT 11 Wenn du Schattierungen hinzufügen möchtest, überlege dir zunächst, aus welcher Richtung das Licht kommt: in diesem Fall von oben rechts. Das bedeutet, dass sich zum Beispiel unter dem Pony, dem Hals oder den Ärmeln harte Schatten bilden. Über dem T-Shirt oder dem Kopf kannst du die Schatten weicher verlaufen lassen. Bei Schwarz-Weiß-Zeichnungen ist es außerdem schön, wenn du mit Kontrasten arbeitest, also zum Beispiel einen Teil des T-Shirts dunkler machst.

SCHRITT 12 Zum Schluss kannst du noch ein paar kleine Extras hinzufügen, zum Beispiel Herzchen, die auf das Foto gezeichnet werden, sowie ein Schriftzug oder ein Datum. Verschieden große Kreise erzeugen eine noch fröhlichere, leichte Atmosphäre. Du kannst aber natürlich auch einen eigenen Hintergrund einzeichnen.

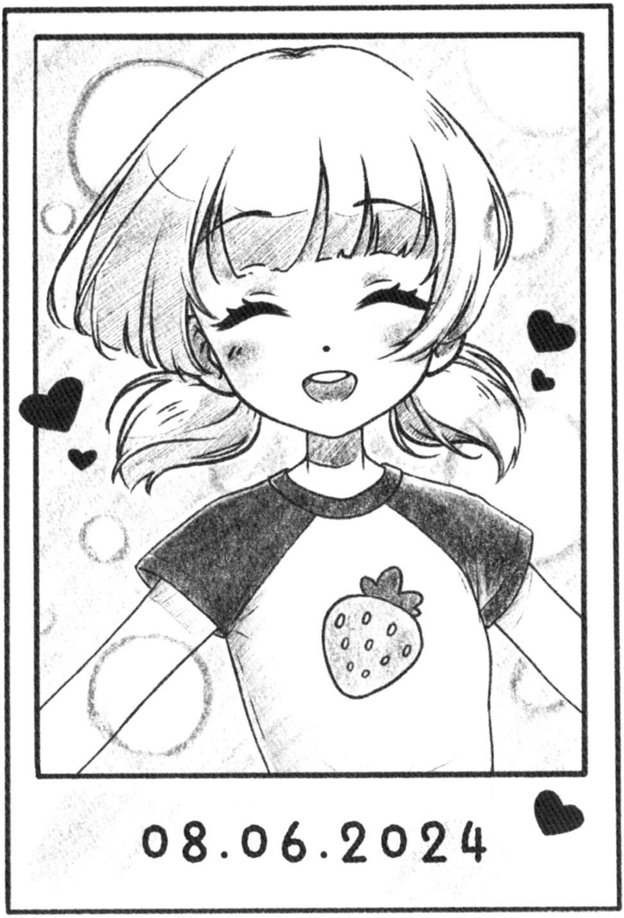

SAD NEWS

Die nächste Zeichnung zeigt einen Jungen, der gerade eine traurige Nachricht auf seinem Smartphone bekommen hat.

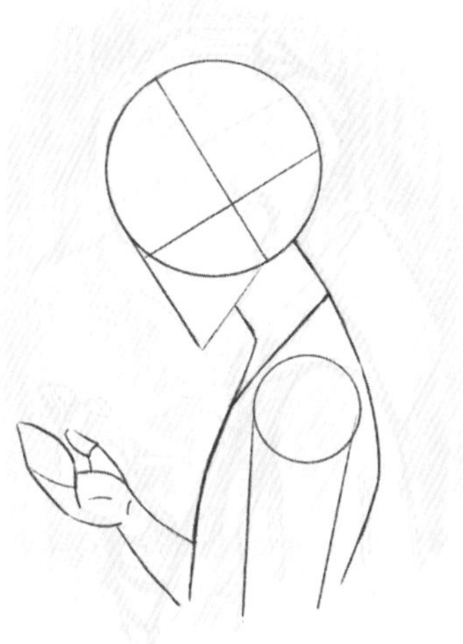

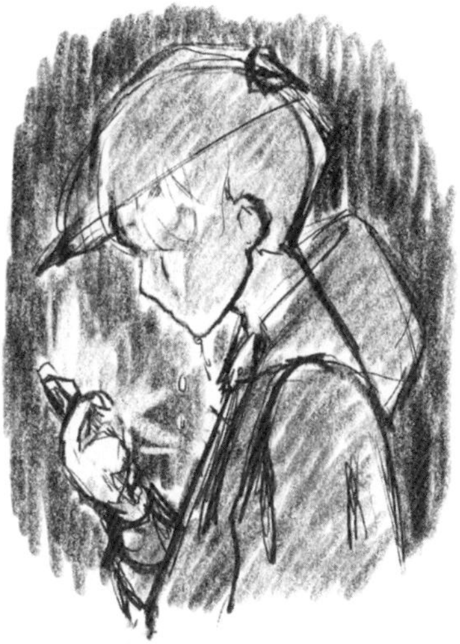

SCHRITT 2 Beginne nun damit, die Figur in ganz groben Formen an die richtige Stelle zu platzieren. Den Kopf konstruierst du so, wie du es auf Seite 12 schon gelernt hast. Die Figur hier ist allerdings etwas älter, daher wird das Gesicht insgesamt länger. Beachte hier, dass der Hals schräg vom Kopf weg verläuft und der Arm seitlich etwa in der Mitte des Torsos ist! Auch die Hand kannst du schon einmal grob skizzieren. Falls dir das zu schwer sein sollte, kannst du den Arm mit dem Handy aber auch erst einmal weglassen und nur den Jungen von der Seite zeichnen. Diese Handhaltung ist nämlich schon etwas fortgeschrittener.

SCHRITT 1 Hier siehst du die erste grobe Skizze, die ich gemacht habe, um die Idee festzuhalten. So eine Rohskizze dauert bei mir meist 10-20 Minuten, abhängig davon, wie kompliziert das Motiv ist und wie sehr ich ins Detail gehe.

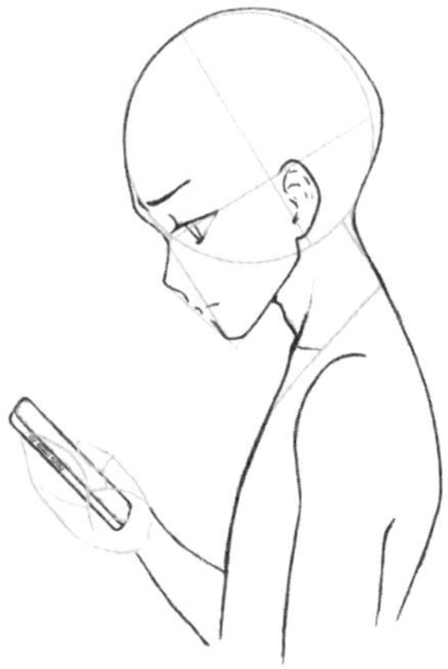

SCHRITT 4 Zeichne als nächstes die genaue Form von Mund und Nase ein. Versuche dabei am besten, nicht zu „zackig“ zu denken, sondern mache nur ganz leichte Bögen für die Wölbungen der Lippen, die du außerdem leicht unterbrechen kannst. Arbeite außerdem Auge und Ohr weiter aus. Zusätzlich kannst du auch schon das Handy in der Hand platzieren.

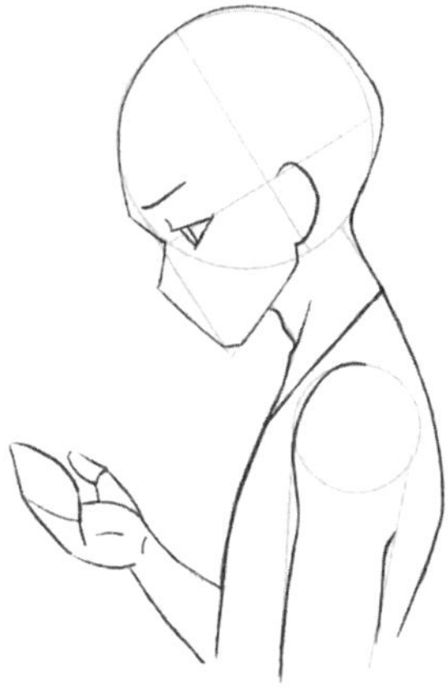

SCHRITT 3 Jetzt kannst du damit anfangen, das Gesicht auszuarbeiten. Zeichne dafür grob den Bereich von Mund und Nase ein und platziere das Auge. Zeichne außerdem das Ohr ein, ebenso wie den Adamsapfel am Hals. Beim Arm kannst du versuchen, die Rundung der Schultermuskulatur anzudeuten.

TIPP

Beim Zeichnen von Händen ist es hilfreich, ein Foto deiner eigenen Hände zu machen, welches du dann als Vorlage nehmen kannst. Statt einem Handy kannst du dabei auch einen anderen Gegenstand halten, der eine ähnliche Form hat.

SCHRITT 6 Teile nun die Haare in einzelne Strähnen ein. Dieser Charakter hat vorne längere Haare als hinten, aber sie laufen alle ungefähr auf einen Punkt an der Oberseite des Kopfes zu.
Du kannst außerdem auch die Hilfslinien in der Hand nun wegradieren und somit diesen Bereich fertig stellen.

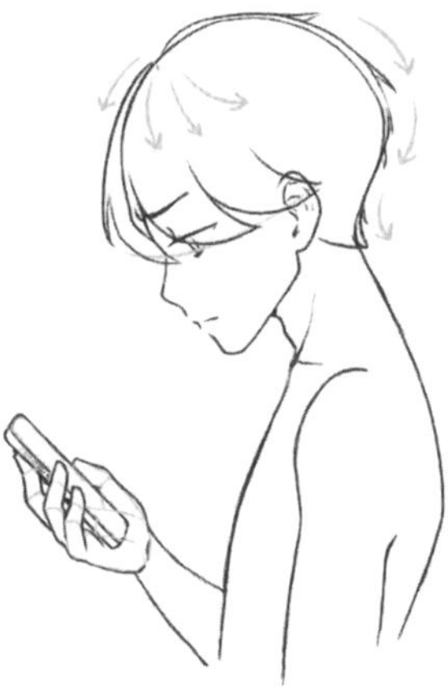

SCHRITT 5 Wie du bereits gelernt hast, kannst du als nächstes die grobe Form der Haare einzeichnen. Da wir dem Jungen später eine Cap aufsetzen, befinden sich die Haare hier sehr nah am Kopf.
Arbeite auch die Hand weiter aus: Dabei kann es helfen, wenn du sie Fingerglied für Fingerglied zeichnest und auch versuchst zu verstehen, wie sie sich „hinter“ dem Handy verhält. Hände sind sehr schwierig zu zeichnen, also lass dir hier ruhig etwas Zeit.

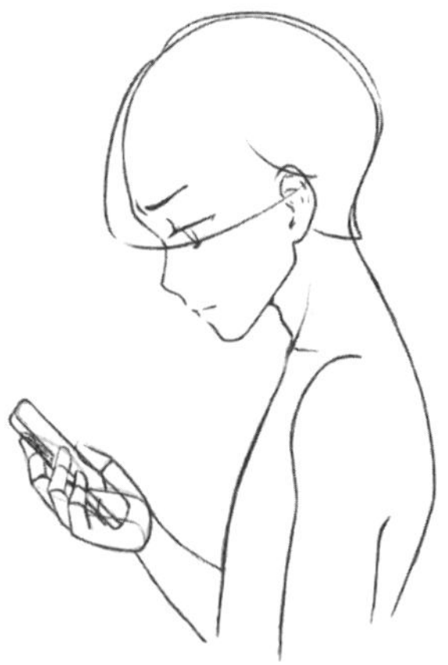

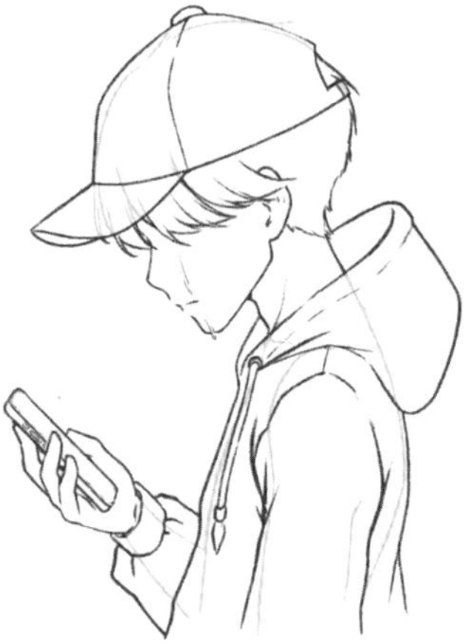

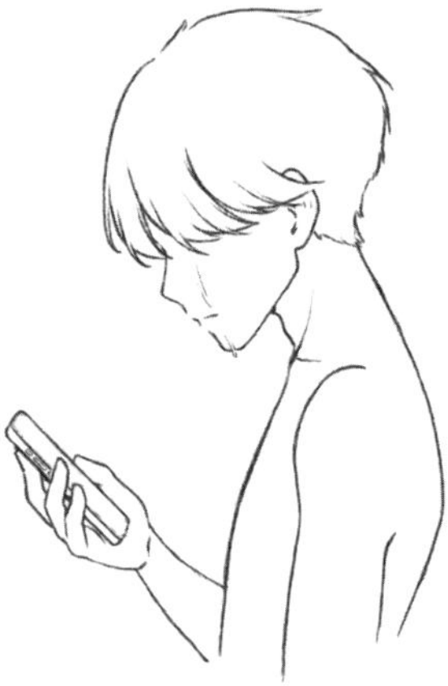

SCHRITT 8 Zeit, unsere Figur einzukleiden: Dieser Charakter trägt eine Basecap und einen Hoodie. Achte beim Zeichnen von Kleidung auf deren Dreidimensionalität, die besonders an der Kapuze und am Bund vom Ärmel deutlich wird. Zeichne zunächst einmal die grobe Form der Kleidung ein.

SCHRITT 7 Füge nun noch weitere, kleinere Strähnen hinzu, damit die Haare noch weicher und leichter aussehen. Um den Effekt der Traurigkeit zu verstärken, kannst du die Augen komplett wegradieren und den Bereich im nächsten Schritt schattieren (oder schummeln und sie von Anfang an weglassen). Zeichne außerdem eine einzelne Träne ein, die über die Wange läuft.

TIPP

Vielleicht fragst du dich, warum wir immer den gesamten Kopf und Körper zeichnen, obwohl vieles davon später sowieso von Haaren oder Kleidung verdeckt wird. Zum einen ist es aber eine gute Übung, Körper in möglichst vielen verschiedenen Posen zu zeichnen, zum anderen hilft es auch dabei, dass sich später Hände und Arme am richtigen Platz befinden. Zeichnet man direkt die Kleidung, fällt es nämlich oft gar nicht auf, wenn darunter eigentlich gar kein Körper passen würde.

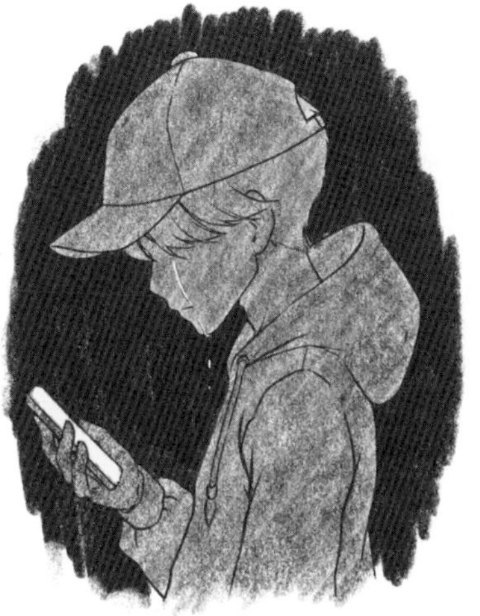

SCHRITT 10 Wenn du einfarbig arbeitest, kannst du nun den Hintergrund dunkel schattieren und die Figur in einem mitteldunklen Ton flächig schraffieren. Spare dabei das Display des Smartphones und die Träne aus: Diese sollten später die hellsten Stellen im Bild sein.

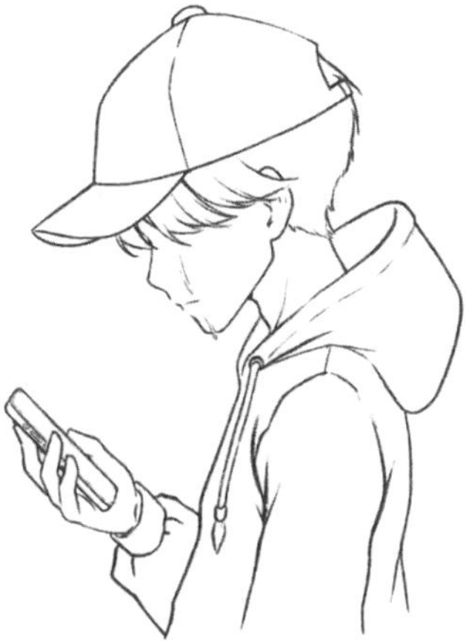

SCHRITT 9 Jetzt kommen die Details: Falten musst du nicht viele einzeichnen; beschränke dich hier auf ein paar wenige an den Achseln, wo die Kapuze aufliegt, und am Bund vom Ärmel. Füge auch Nähte und das Bändchen vom Hoodie hinzu. Jetzt radierst du alle Linien weg, die von der Kleidung verdeckt werden. Dann ist die Zeichnung von deiner Figur fertig! Aber wir wollen dem Bild noch etwas mehr Stimmung verleihen ...

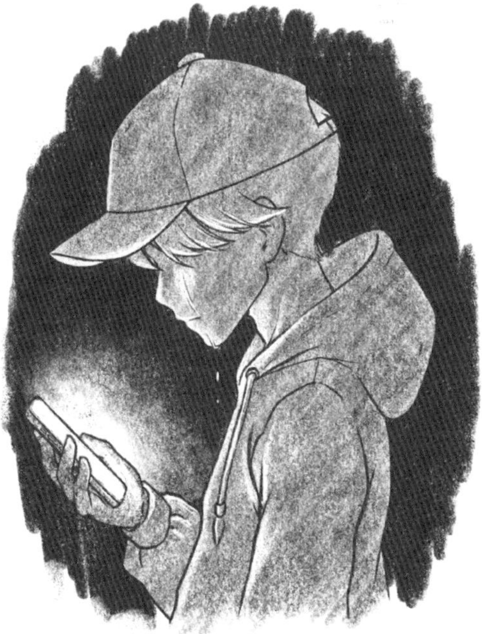

SCHRITT II Wenn du mit Bleistift arbeitest, kannst du nun die Bereiche wieder ausradieren, auf die durch das Smartphone Licht scheint: also die Vorderseite des Gesichts, die langen Haarsträhnen, die Unterseite der Cap, die Vorderseite des Hoodies sowie der Bereich rund um das Smartphone selbst. Du kannst diese Stellen natürlich auch von Anfang an aussparen.

SCHRITT 12 Als letztes kannst du nun noch mehr Schatten ausarbeiten. Dabei wird tendenziell alles dunkler, je weiter weg es von der Lichtquelle ist. Ein ganz leichter Lichtschein (der von einer anderen Lichtquelle außerhalb des Bildes kommt) am rechten Rand der Figur verstärkt die Wirkung der Dreidimensionalität und hilft, dass der Charakter nicht im Hintergrund verschwindet. Wenn du möchtest, kannst du auch noch die Nachricht, die gerade empfangen wurde, neben das Handy schreiben.

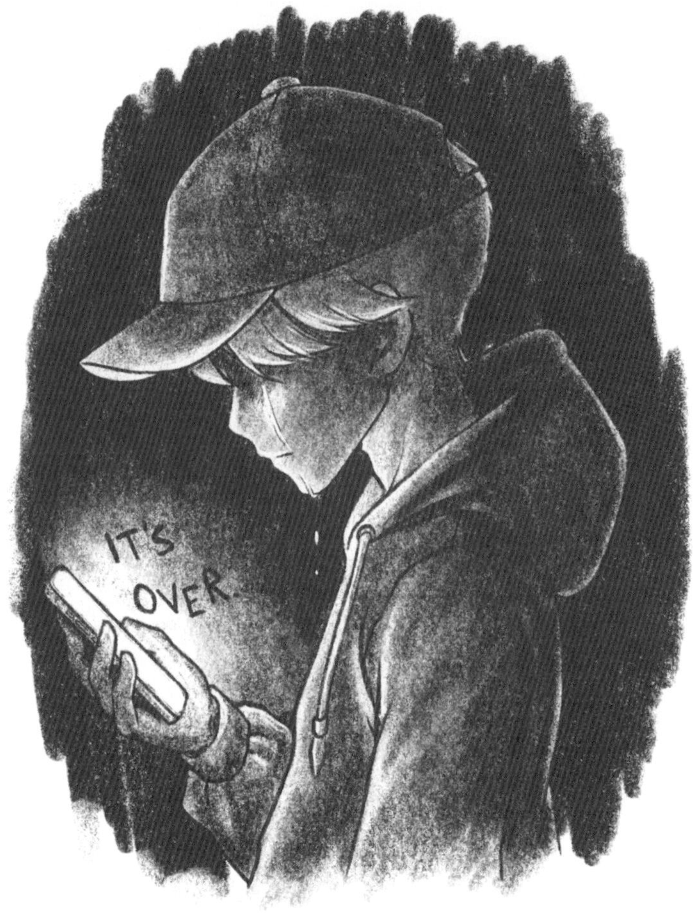

ÜBERRASCHUNG!

Die nächste Emotion, die wir darstellen wollen, ist Überraschung. Hier lernst du, wie man ein Mädchen zeichnet, das gerade etwas gehört hat, das sie überrascht und bewegt.

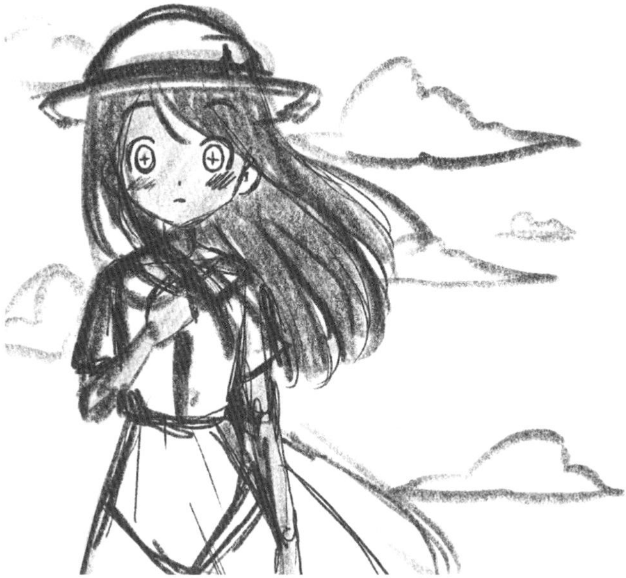

SCHRITT 1 Als erstes ist es immer gut, einen groben Entwurf deiner Idee zu Papier zu bringen. Der kann noch sehr unordentlich sein, wichtig ist vor allem, dass du ein Gefühl dafür bekommst, in welche Richtung die Zeichnung gehen soll.

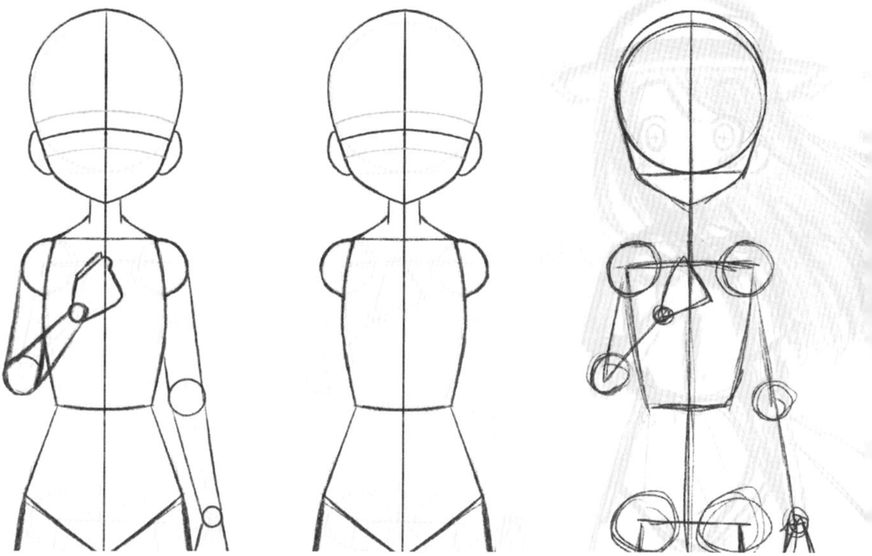

SCHRITT 4 Jetzt fehlen noch die Arme: Zeichne hier zunächst die Gelenke ein und verbinde diese dann miteinander. Auch die Hand kannst du erst einmal ganz grob skizzieren. Wenn dir der angewinkelte Arm noch zu schwierig ist, kannst du ihn genau wie den anderen neben dem Körper herunterhängen lassen.

SCHRITT 3 Zeichne nun die einzelnen Körperteile noch genauer ein. Wie das mit dem Kopf funktioniert, weißt du ja bereits – für den Oberkörper kannst du einen Kasten mit rundlichen Seiten für den Brustkorb und ein Fünfeck für den Hüftbereich skizzieren. Runde Kugeln bilden die Schultern. Eine Linie durch die Mitte hilft dir dabei, die Symmetrie beizubehalten.

SCHRITT 2 Sobald der erste Entwurf steht, kannst du damit beginnen, deine Figur „ordentlich" zu zeichnen. Platziere dafür eine Art Strichfigur auf deinem Papier, mit der du die Proportionen (also die Größenverhältnisse der einzelnen Körperteile zueinander) bestimmst. Hier solltest du zum Beispiel darauf achten, dass sich die Ellenbogen auf Höhe der Taille befinden und die Schultern etwas breiter sind als der Kopf.

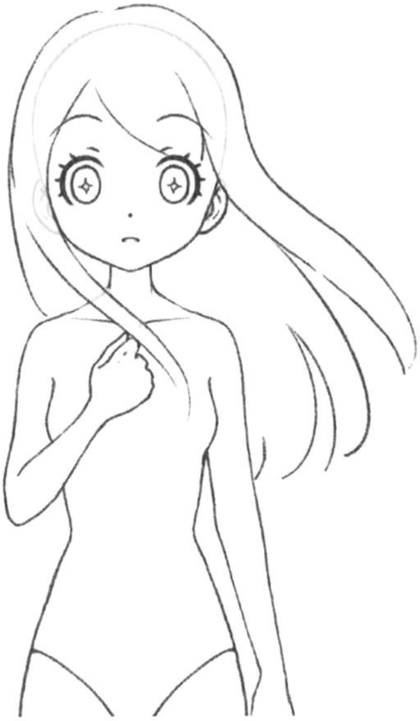

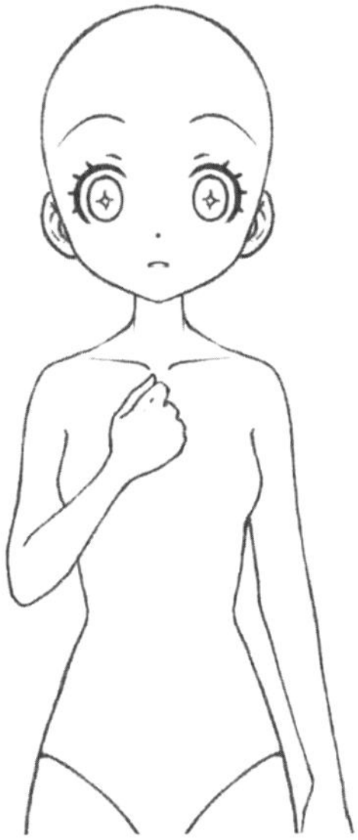

SCHRITT 6 Skizziere nun die grobe Form der Haare. Da in dieser Zeichnung von links Wind wehen soll, werden die Haare leicht nach rechts geweht. Wenn du der Figur im weiteren Verlauf noch einen Hut geben willst, achte darauf, dass dieser die Haare oben am Kopf etwas zusammendrücken wird.

SCHRITT 5 Zeichne nun, wie du es am Anfang des Buches gelernt hast, das Gesicht von vorne ein. Achte bei den Augen darauf, dass die Iris die äußere Form der Augen nicht berührt, damit sie weit geöffnet und überrascht wirken. Wenn du möchtest, kannst du hier kleine Sternchen als Pupillen einzeichnen.

Gib außerdem dem Rest des Körpers etwas mehr Form, indem du zum Beispiel die Arme um die Ellenbogen herum etwas dicker zeichnest, die Schlüsselbeine hinzufügst oder die Brust ausformst.

SCHRITT 8 Jetzt kannst du noch weitere dünne Strähnen einzeichnen. Für einen besonders schönen „flowy" Effekt kannst du die Linien an den Stellen, wo sich die Strähnen überschneiden, wegradieren, sodass sie ein bisschen wie ein Netz aussehen.

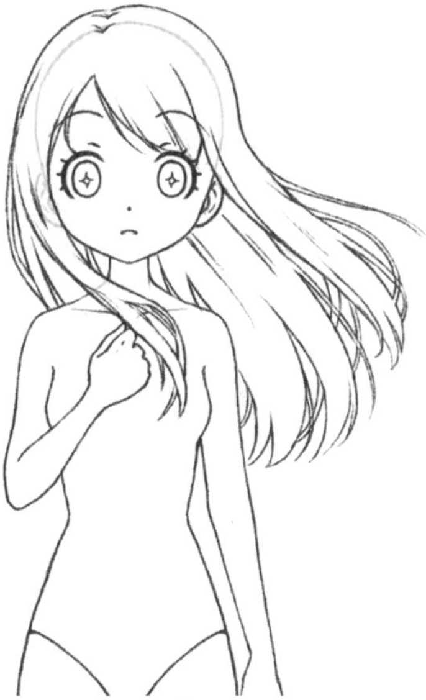

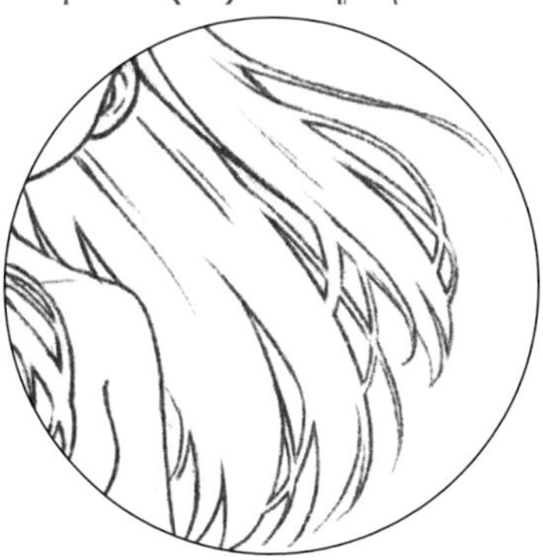

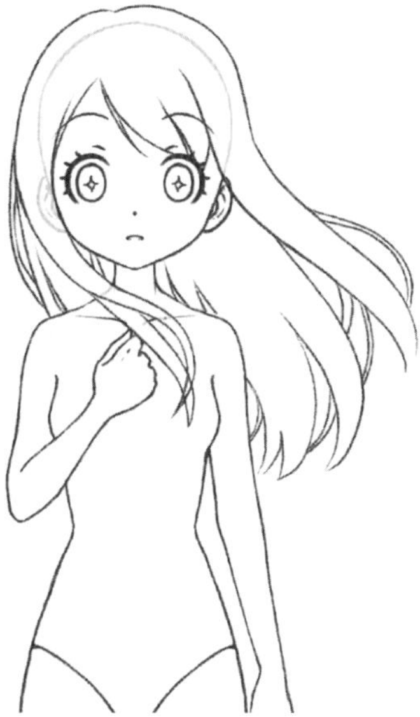

SCHRITT 7 Füge nun noch weitere, einzelne Strähnen hinzu, die dünner sind als die, die du bisher eingezeichnet hast. Bedenke dabei weiterhin, dass die Strähnen alle vom Kopf aus beginnen und dem allgemeinen Schwung der Haare folgen.

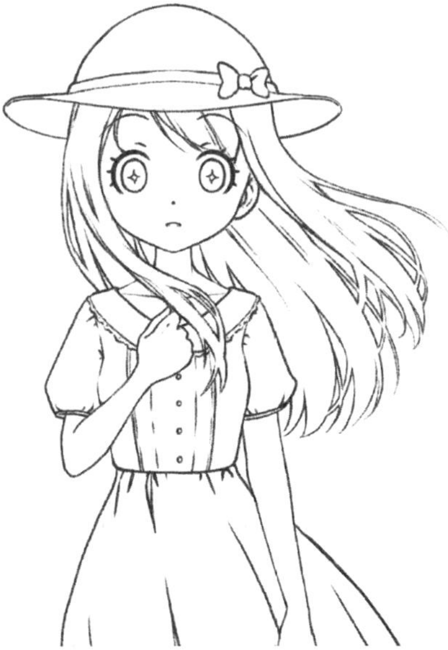

SCHRITT 10 Um der Kleidung etwas mehr „Echtheit“ zu verleihen, kommen jetzt ein paar Details hinzu, zum Beispiel eine Schleife am Hut, Rüschen am Kragen, eine Knopfleiste und Ziernähte.
Zeichne außerdem dort, wo sich Spannung auf dem Stoff befindet, ein paar Falten ein: Am Ende der Ärmel, den Schulternähten und dort, wo der Rockteil angenäht ist. Weniger ist hier mehr, also nicht übertreiben.

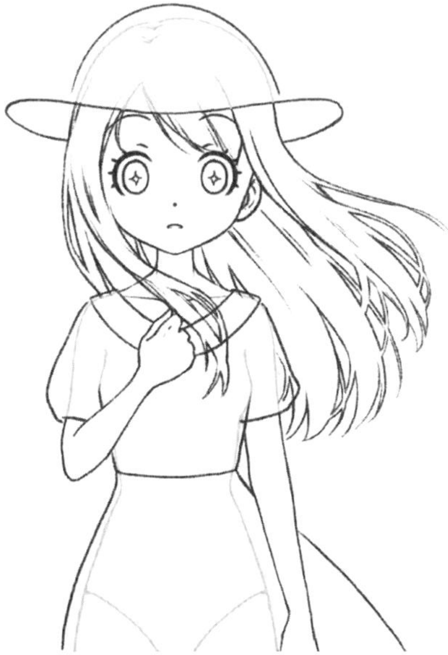

SCHRITT 9 Jetzt wird es Zeit, der Figur etwas anzuziehen: in diesem Fall ein Kleid mit einem passenden Hut. Zeichne für letzteren einen Halbkreis über den Kopf und eine geschwungene Linie, die quasi „um den Kopf herum“ verläuft. Daraus kannst du dann deinen Hut kreieren.
Das Kleid besteht grob aus vier Teilen: Dem Kragen, den luftigen Ärmeln, dem Stoff am Oberkörper und dem Rock. Schau dir beim Zeichnen von Kleidung am besten echte Kleidung an, damit du verstehst, aus welchen Teilen sie aufgebaut ist.

SCHRITT II Wolken sind ein sehr leicht zu zeichnender Hintergrund: Damit sie schön dynamisch und echt wirken, achte darauf, dass du sie in unterschiedlichen Größen zeichnest.
Entscheide dich nun dafür, welche Stellen im Bild dunkel und welche hell sein sollen. Hier arbeiten wir mit drei verschiedenen Abstufungen, um einen schönen Kontrast in das Bild zu bringen: Die Kleidung ist am hellsten, die Haut und der Himmel sind Mitteldunkel und am dunkelsten sind die Haare des Mädchens.

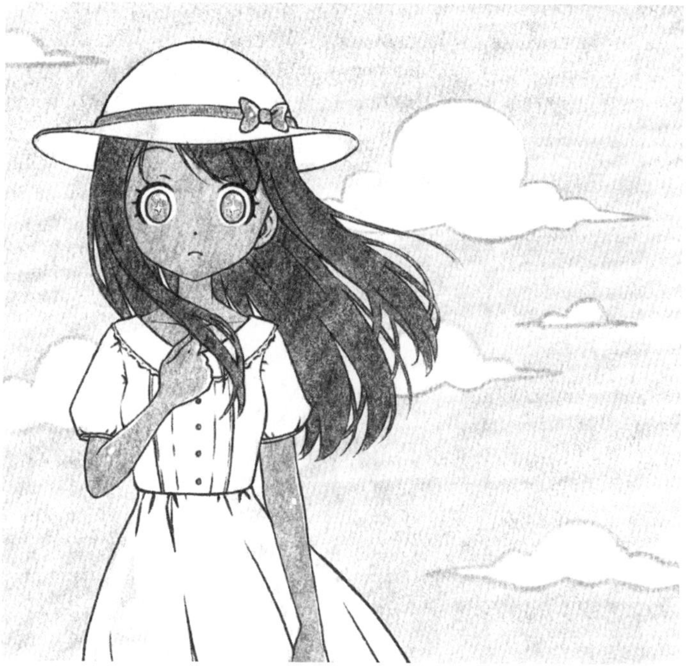

SCHRITT 12 Wenn du möchtest, kannst du nun noch Schattierungen hinzufügen. Überlege dir dazu, aus welcher Richtung das Licht kommt: In diesem Fall von oben rechts. Das bedeutet, dass die linke Seite der Kleidung dunkler ist und zum Beispiel auch der Hut einen Schatten auf das Gesicht wirft. Ebenso ist die Unterseite der Haare und des Huts dunkler. Mit einem Radiergummi kannst du außerdem Highlights in den Haaren einfügen und die Augen noch mehr zum Leuchten bringen. Schräge Linien und eine Schattierung auf den Wangen verdeutlichen schließlich die Aufregung der Figur.

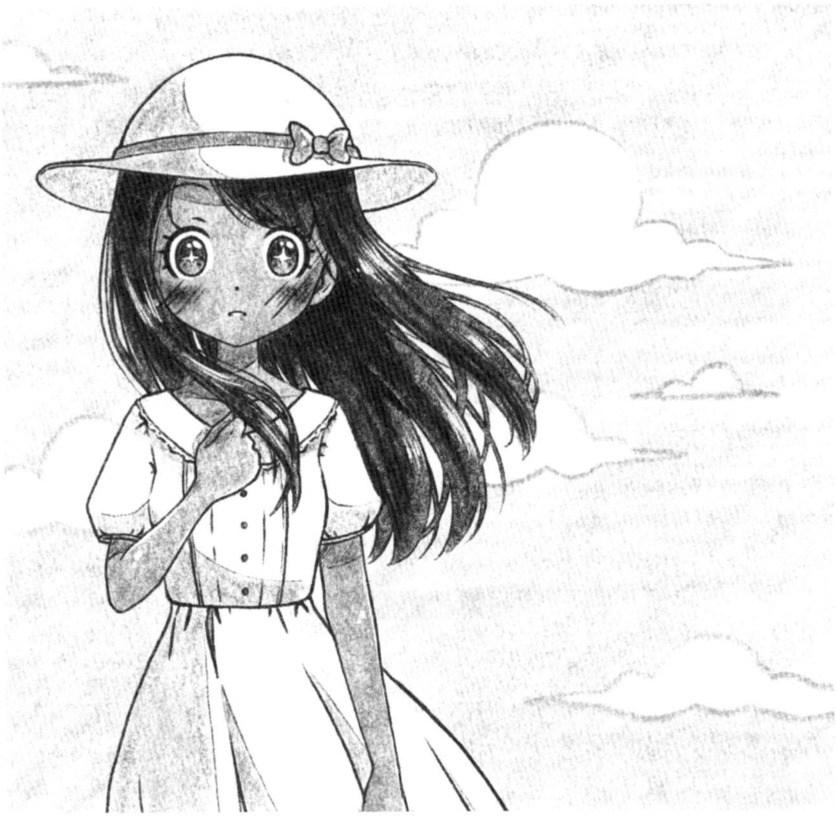

RAGE

Jetzt zeichnen wir einen Jungen, der möglicherweise gerade in eine Schlägerei geraten ist und daher nicht gerade gut zu sprechen auf sein Gegenüber. Los geht's!

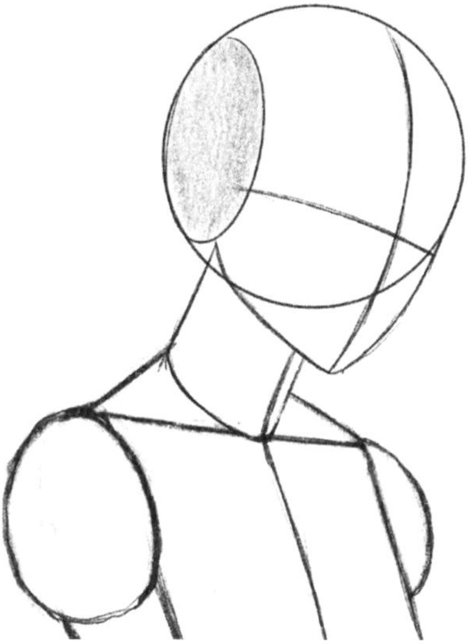

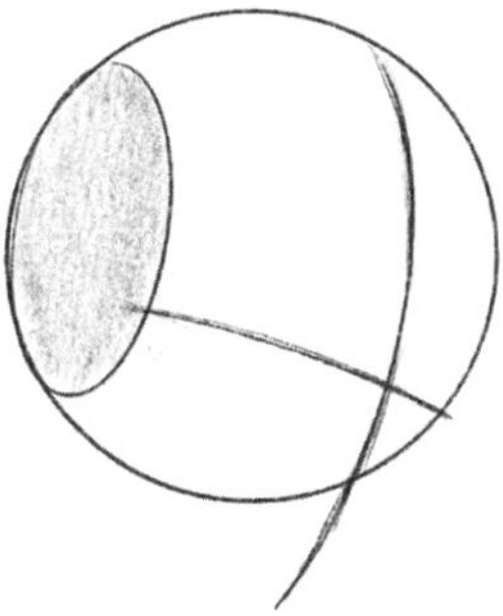

SCHRITT 2 Forme jetzt deinen Kreis zu einem richtigen Kopf und zeichne außerdem Hals und Oberkörper ein. Achte dabei darauf, dass der Hals schräg vom Kopf weg verläuft, und nicht gerade nach unten. Auch für den Körper hilft es, wenn du die Mittellinie einzeichnest.

SCHRITT 1 Beginne damit, die Neigung des Kopfes festzulegen, indem du eine Kugel als Basis nimmst und die Mittellinie des Kopfes einzeichnest. Das sieht erstmal noch etwas komisch aus, aber keine Sorge, gleich erkennt man schon mehr.

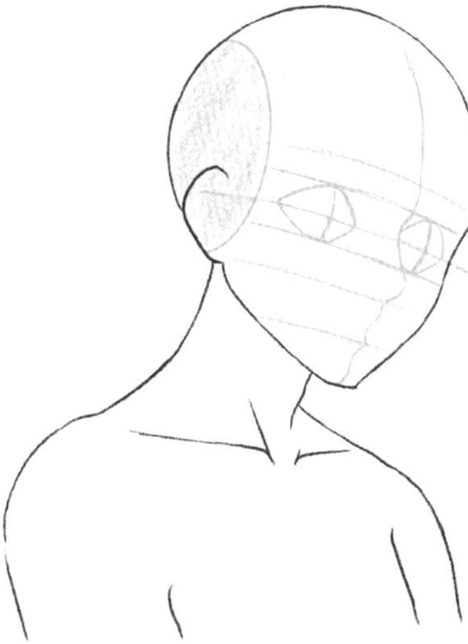

SCHRITT 4 Das mag jetzt erstmal sehr seltsam aussehen, aber um die Augen in dieser Ansicht richtig zu platzieren, kann es helfen, die dreidimensionale Form des Gesichtes nachzuzeichnen und die Augenform zunächst „komplett“ zu skizzieren. Ein Kreuz im Auge hilft dabei, beiden Augen die richtige Ausrichtung zu geben. Da die Nase im Gesicht hervorsteht, verdeckt sie zum Teil das Auge, was weiter von uns entfernt ist.

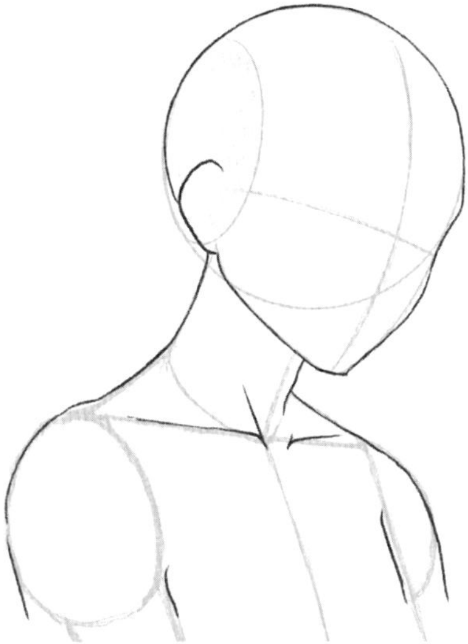

SCHRITT 3 Jetzt kannst du Kopf und Körper weiter definieren. In der Mitte des Kopfes geht dieser leicht nach innen, um dann bei der Wange wieder ein Stückchen hervorzutreten. Das Kinn kannst du etwas eckiger machen und außerdem den Adamsapfel am Hals leicht andeuten. Zeichne auch das Ohr und das Schlüsselbein ein.

SCHRITT 6 Um die Haare zu konstruieren, zeichnest du als erstes die grobe Form ein und legst fest, wo sich der Scheitel befindet, von dem alle Haare ausgehen. Bei Figuren, bei denen der Haaransatz sichtbar ist, kann es auch helfen, diesen zu markieren.

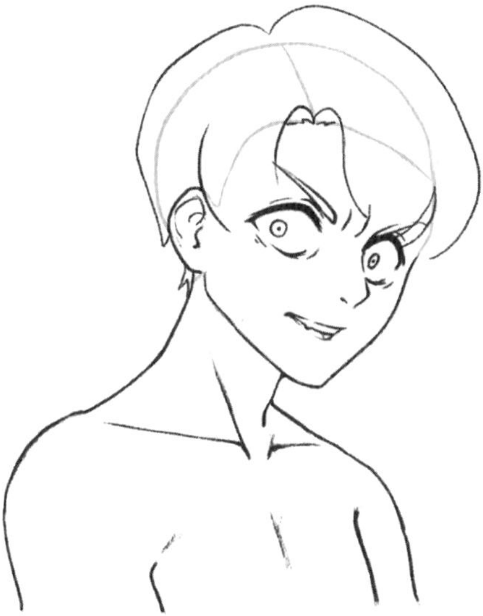

SCHRITT 5 Auf diesen Hilfslinien kannst du nun das Gesicht einzeichnen. Für einen besonders wütenden Ausdruck bleibt die Iris sehr klein und berührt nirgends den Rand der Augenform. Die Augenbrauen sind sehr nah an den Augen und schräg nach unten gedrückt, es entstehen Falten auf der Stirn und um die Augen herum.

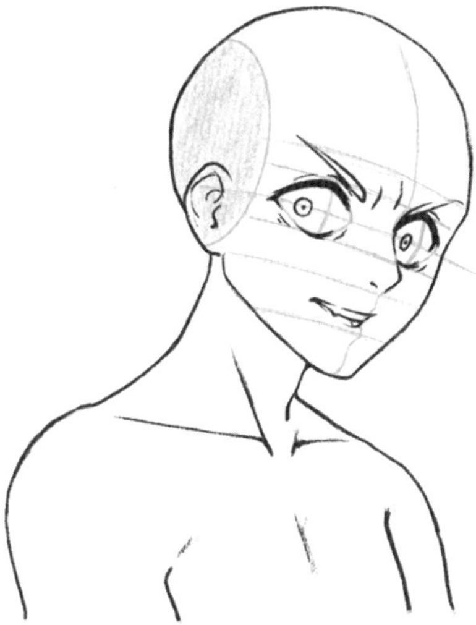

SCHRITT 8 Um die Haare noch lebendiger zu machen, kannst du noch mehr zusätzliche Strähnen einbauen. Als erstes solche, die quasi „mittendrin“ ihr Eigenleben entwickeln und nach außen gebogen abstehen. Danach noch weitere Strähnen, die dem Verlauf der anderen folgen, aber etwas über den großen Strähnen liegen, die du bereits gezeichnet hast.

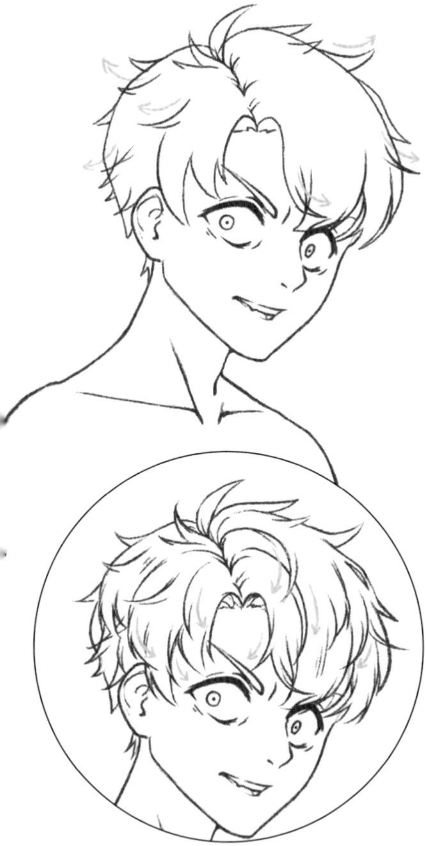

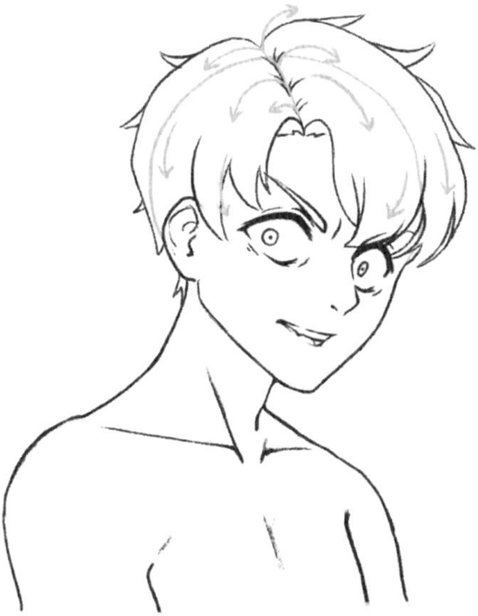

SCHRITT 7 Jetzt brichst du zunächst die äußere Form der Haare auf, indem du mehrere kleine, abstehende Strähnen einzeichnest und den Bereich beim Pony weiter aufteilst. Kleine Linien, die vom Scheitel abgehen, verdeutlichen weiter den Verlauf der Haare. Behalte stets den Scheitel als Ursprungspunkt der Haare im Kopf.

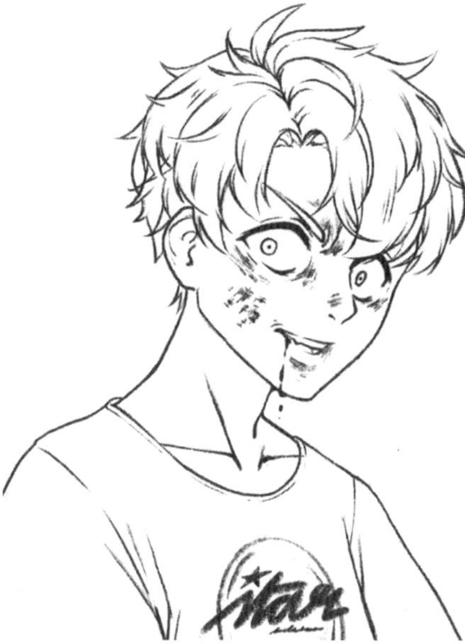

SCHRITT 10 Um den Ausdruck der Figur noch zu verstärken, kannst du mit kleinen, parallelen Linien rund um Augen und Stirn noch deutlicher machen, wie angespannt das Gesicht ist. Viele unordentliche Linien auf der Wange deuten einen Schlag ins Gesicht an, ebenso wie etwas Blut, was von der aufgeplatzten Lippe über das Kinn läuft. Dieses kannst du nach dem gleichen Prinzip wie Tränen zeichnen.

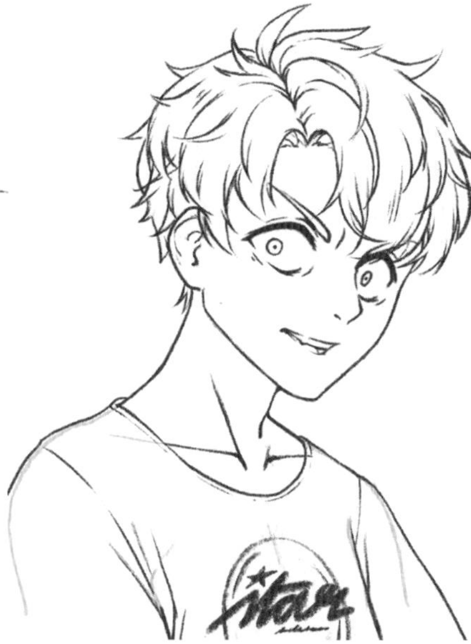

SCHRITT 9 Der Junge trägt ein simples T-Shirt. Um dies besonders realistisch darzustellen, achte darauf, Nähte einzuzeichnen, die sich am Kragen und an den Schultern befinden. Falten bilden sich hier vor allen an den Armbeugen. Wenn du möchtest, kannst du außerdem ein Logo oder einen Schriftzug auf das Shirt zeichnen.

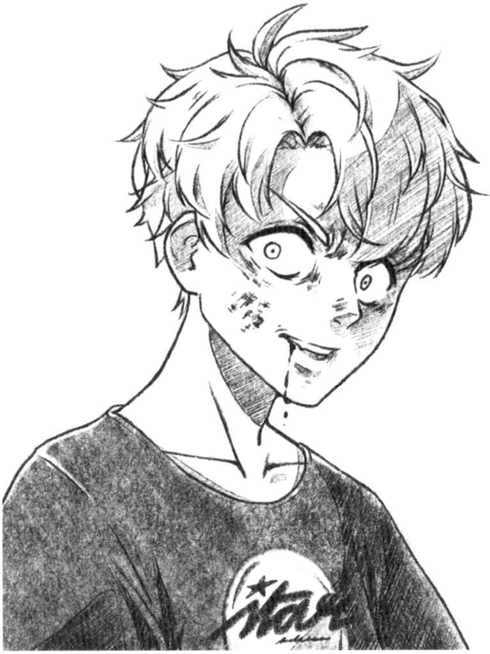

SCHRITT II Schatten lassen das Gesicht noch dramatischer aussehen. Hier kommt das Licht von oben links, sodass die von uns aus rechte Gesichtshälfte im Schatten liegt. Für Zeichnungen mit besonders „harten“ Emotionen bietet es sich an, Schraffuren etwas unordentlicher bzw. gröber zu machen, weil dies die brodelnden Gefühle unterstützt.

TIPP

Um den Fokus auf die Augen der Figur zu legen, kannst du gut mit Kontrasten arbeiten: Hier sind die Augen der hellste Punkt im Bild. Außerdem wurde darauf verzichtet, sie zu schattieren, sodass sie sich noch deutlicher von den umliegenden, schraffierten Bereichen abheben.

SCHRITT 12 Für noch mehr Dynamik kannst du vor und hinter der Figur viele parallele Linien ziehen, die nach rechts unten hin auslaufen. Solche Linien werden oft genutzt, um Bewegungen darzustellen, sie können aber auch einen „Energieschub" verdeutlichen und generell Dynamik ins Bild bringen.

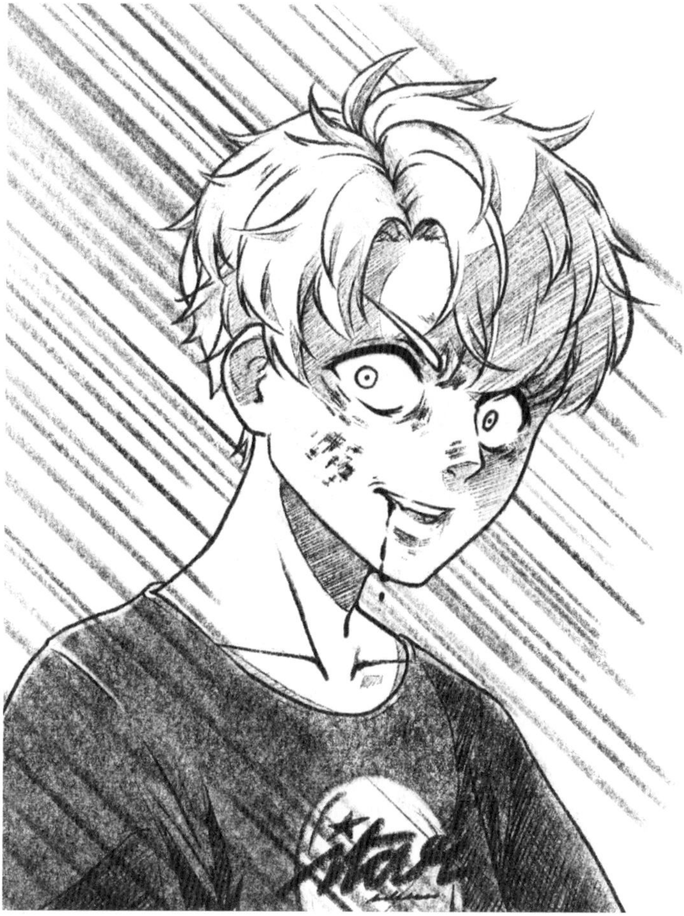

PAH!

Diesmal zeichnen wir ein Mädchen in Schuluniform, das gerade ein bisschen beleidigt ist.

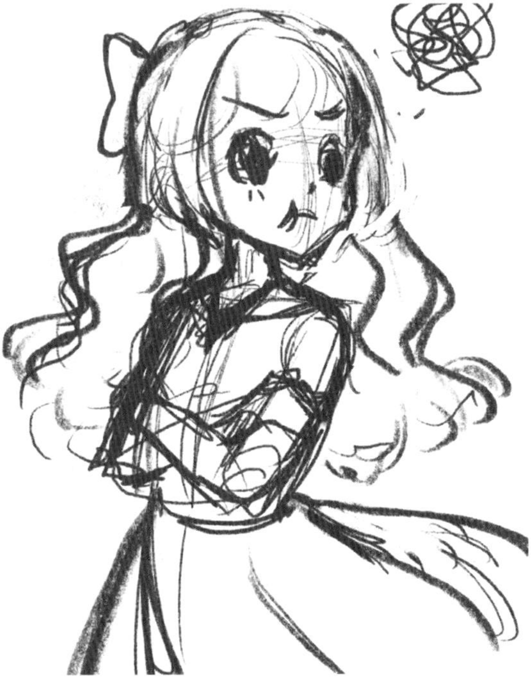

SCHRITT 1 Am Anfang zeichnest du die grobe Form der Figur, um einen ersten Eindruck der Pose zu bekommen. Der Fokus der Körperhaltung liegt auf den gekreuzten Armen und der gegensätzlichen Drehung von Kopf und Körper.

SCHRITT 2 Zeichne zunächst eine Strichfigur, mit der du dann den Körper aufbaust. Konzentriere dich dabei zunächst auf Kopf und Torso, und füge danach die Arme hinzu. Achte darauf, dass Kopf und Schultern leicht nach rechts gekippt sind, während das Becken gerade ausgerichtet ist.

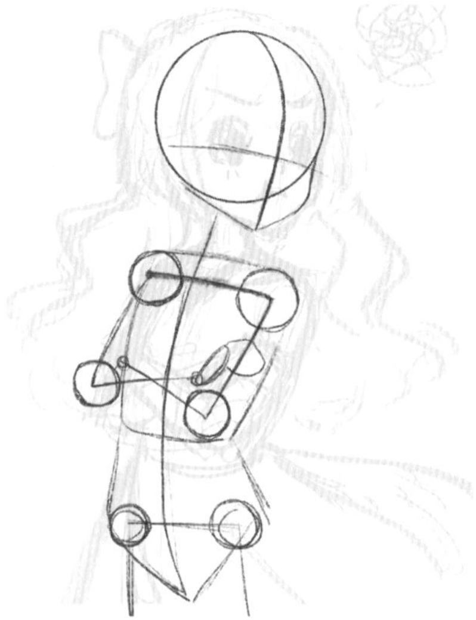

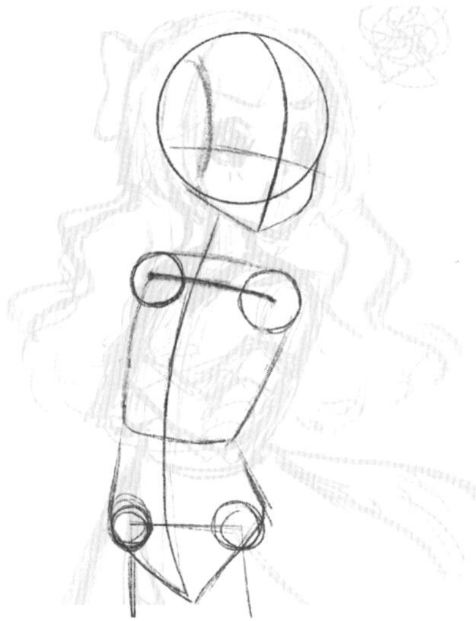

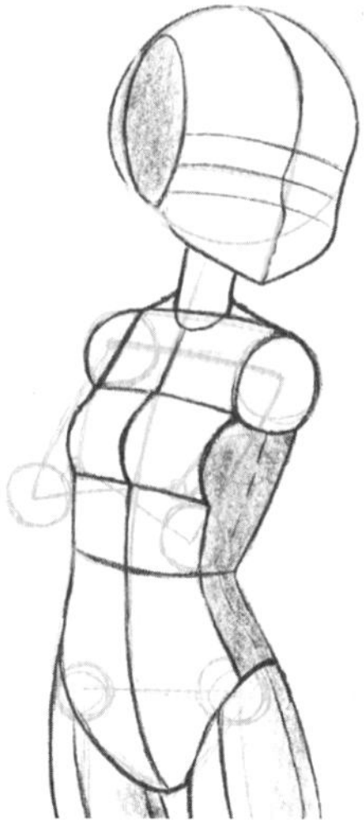

SCHRITT 3 Um dir die Dreidimensionalität des Körpers besser vorzustellen, kannst du den Körper erst einmal in solchen blockartigen Formen darstellen. Dabei kann man gut erkennen, dass beim Kopf die linke Seite nach vorne zeigt, beim Körper hingegen die rechte.

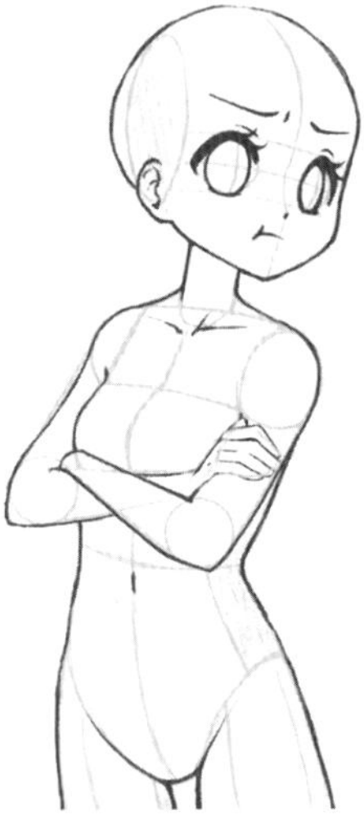

SCHRITT 4 Wenn Kopf und Torso fertig sind, kannst du danach die Arme anbringen. Der Punkt, an dem diese sich kreuzen, sollte genau auf der Mittellinie des Körpers liegen. Eine Hand liegt dabei auf dem Arm, die andere verschwindet unter dem anderen Arm. Auch die Augenposition kannst du schon einmal grob einzeichnen.

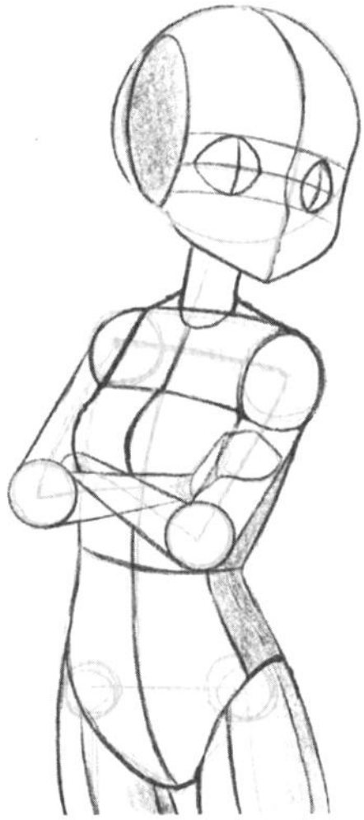

SCHRITT 5 Über dieses Grundgerüst zeichnest du jetzt die Figur richtig ein. Der Fokus liegt hier vor allem auf dem Gesicht: Der Mund ist leicht schräg und die Augenbrauen leicht nach unten gezogen, der Blick geht zur rechten Seite – so, als würde sie den Kopf von der Person abwenden, von der sie gerade gekränkt wurde.

TIPP

Bei komplizierteren Posen hilft es, sich vor den Spiegel zu stellen und die Pose selbst einmal einzunehmen oder ein Foto von sich selbst zu machen und dies als Vorlage zu benutzen.

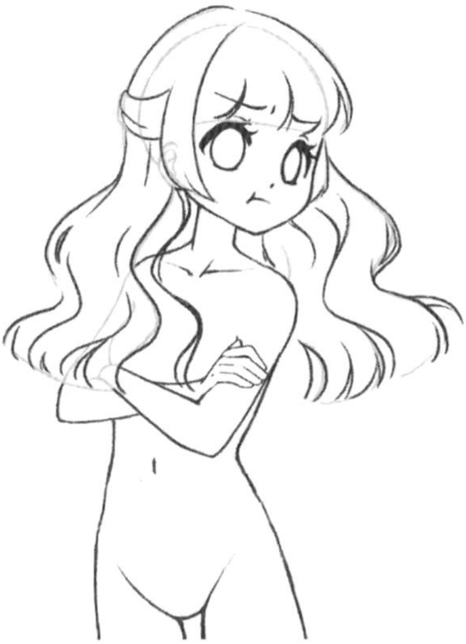

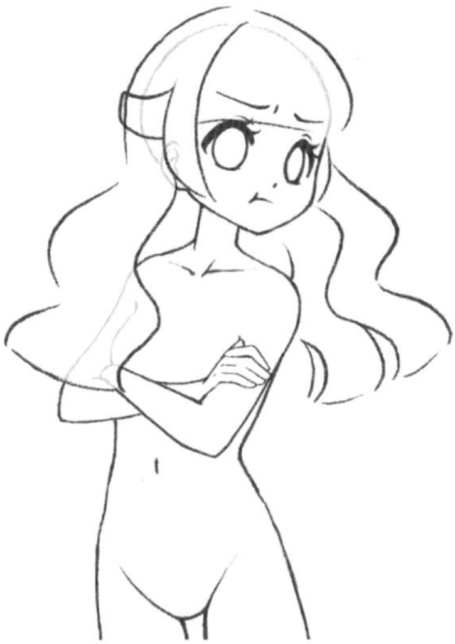

SCHRITT 7 Teile jetzt die Haarbereiche in einzelne Strähnen auf, die weiterhin der Wellenform folgen. Achte darauf, dass diese Strähnen möglichst unterschiedlich dick sind und ziehe nicht alle Linien von oben bis unten durch, sondern unterbrich sie ab und zu, um die Haare lockerer erscheinen zu lassen.

SCHRITT 6 Da der Kopf nach rechts zeigt, folgen in diesem Fall auch die Haare der Kopfposition und fallen daher auf der linken Seite vor den Körper. Zwei Strähnen verlaufen am Kopf entlang nach hinten, wo sie zusammengebunden sind (hier sieht man natürlich nur die vordere).

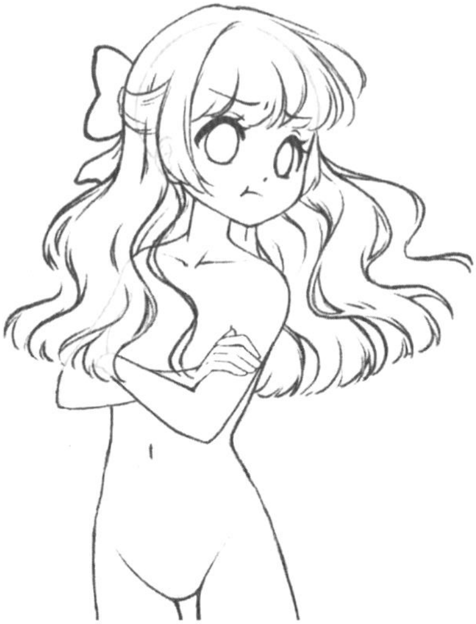

SCHRITT 8 Nach dem gleichen Prinzip kannst du noch mehr Strähnen hinzufügen, genauso wie einzelne Haare, die von den restlichen Haaren etwas entfernt sind und so nochmal mehr Dynamik ins Haar bringen. Auch kannst du die Schleife einzeichnen, die die Haare hinten zusammenhält.

SCHRITT 9 Zeit für Kleidung! Das Mädchen trägt eine japanische Sailor-Schuluniform, die aus einem Shirt mit Sailor-Kragen, einer Schleife und einem Faltenrock besteht. Zeichne erst die groben Umrisse der Kleidung ein, und ergänze dann Details wie Streifen, Nähte und Falten.

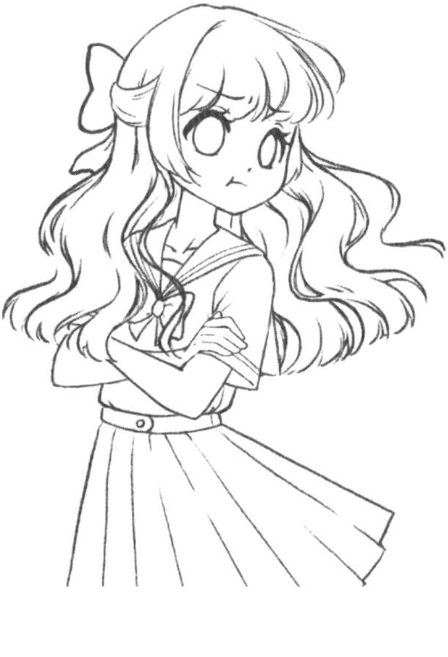

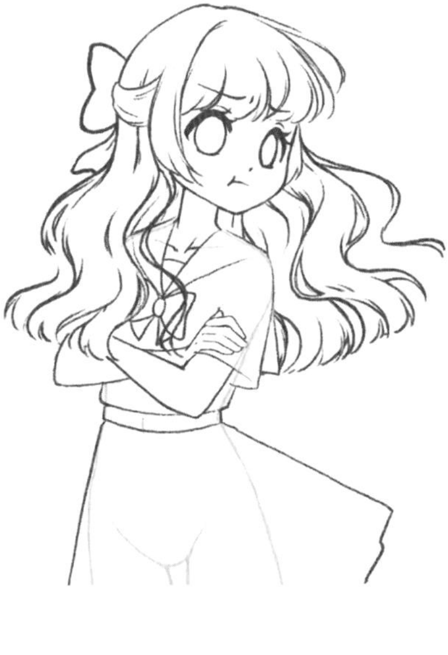

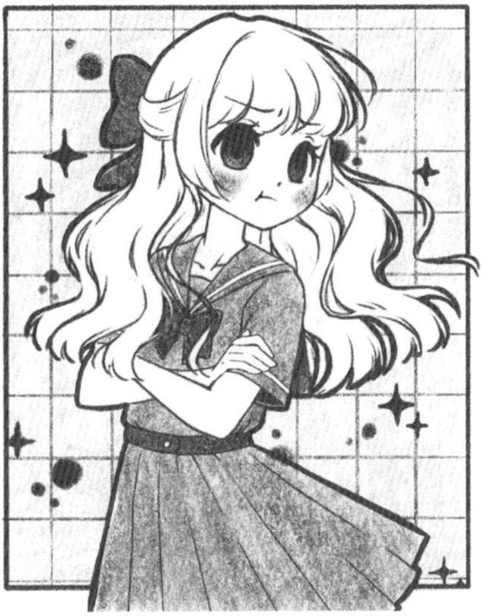

SCHRITT 11 Wenn du z. B. mit Bleistift arbeitest, kannst du dich jetzt für verschiedene Helligkeitswerte entscheiden: In diesem Fall sind Haare und Haut am hellsten, die Schuluniform bekommt ein Mitteldunkles Grau und kleinere Flächen wie Schleifen, Augen und Sternchen sind am dunkelsten.

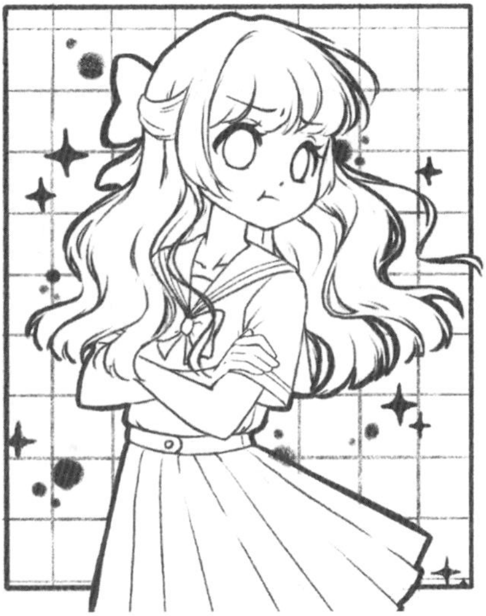

SCHRITT 10 Für einen einfachen, abstrakten Hintergrund kannst du ein Quadrat hinter die Figur zeichnen und dieses mit einem Karo-Muster füllen. Ein paar Kreise und Sternchen machen das Bild noch etwas interessanter. Um die Figur mehr vom Hintergrund abzuheben, kannst du die äußeren Umrisse noch dicker nachfahren.

SCHRITT 12 Zuletzt kommen noch Schatten dazu. Hier trifft das Licht von oben rechts auf die Figur, sodass ihre linke Seite etwas dunkler ist. Auch die Unterseite der Haare ist dunkler, genau wie der Bereich unter dem Kopf und unter den Armen. Mit einem Radiergummi kannst du noch Highlights in den Augen und auf der Kleidung setzen. Ein unordentliches Gekrakel neben dem Kopf der Figur verstärkt nochmal den genervten Ausdruck.

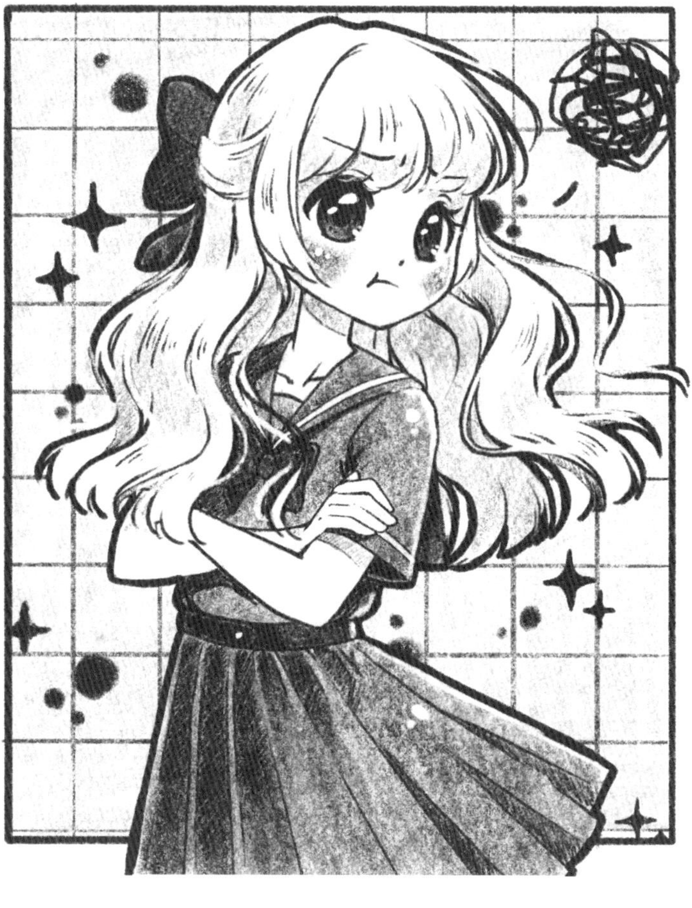

COVERBILD

Als letztes kannst du jetzt Schritt für Schritt nachverfolgen, wie die Zeichnung auf dem Cover dieses Buches entstanden ist! Das hier ist die Schwarz-Weiß-Version, aber wenn du sie nachzeichnest, kannst du natürlich auch die Farben vom Cover übernehmen.

SCHRITT 2 Jetzt kannst du die Kopfform einzeichnen und außerdem ganz grob Oberkörper, Arme und Hände skizzieren. Dafür reichen zunächst einfache geometrische Formen wie Ovale, Kreise und Rechtecke.

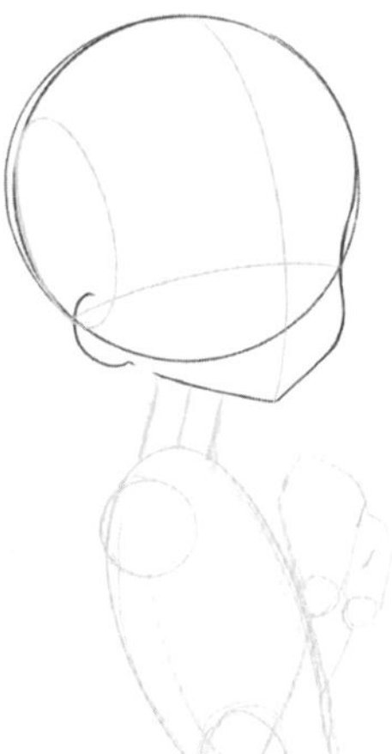

SCHRITT 1 Beginne damit, die Position des Kopfes festzulegen. Da sich die Figur gerade umdreht, sieht man den Kopf schräg von vorn und er ist leicht angehoben – dementsprechend kannst du die Hilfslinien einzeichnen.

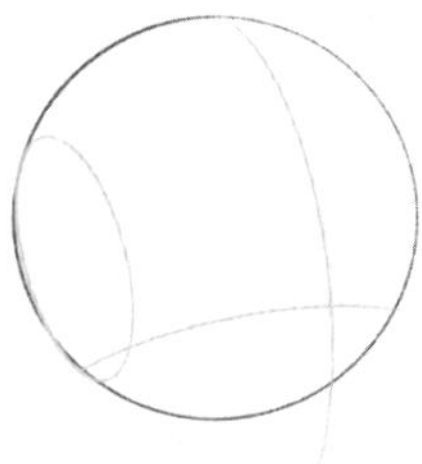

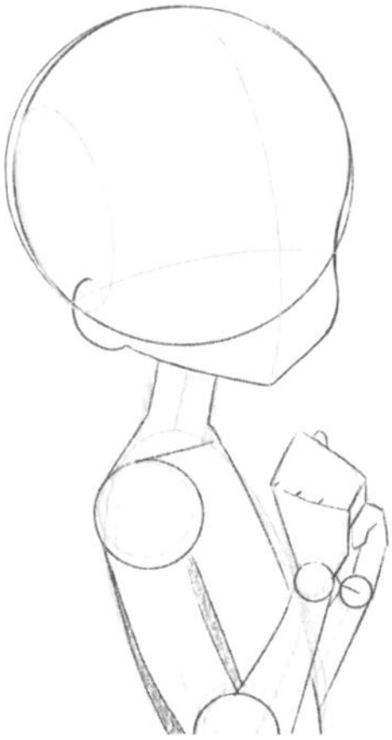

SCHRITT 3 Zeichne nun die Formen von Armen und Händen etwas genauer ein. Für die Hände kannst du zunächst alle Finger zusammenfassen und dann einzeichnen, wo die einzelnen Finger beginnen. Denke daran, dass die Arme zum Handgelenk hin dünner werden und die dickste Stelle am Ellenbogen ist.

SCHRITT 4 Als nächstes werden die Gesichtsmerkmale platziert. Die Nase kannst du direkt auf die Mittellinie setzen, den Mund etwas seitlich daneben, oberhalb des Kinns. Bei den Augen solltest du darauf achten, dass sich die äußeren „Ecken“ jeweils auf der gleichen Linie befinden. Ziehe auch über- und unterhalb der Augen Hilfslinien, damit sie gleich groß werden!

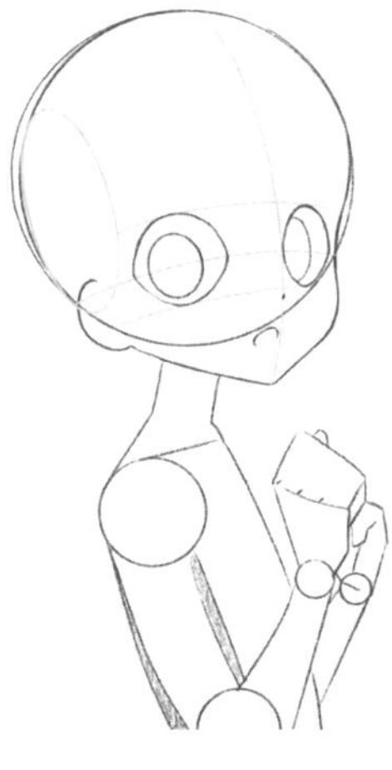

SCHRITT 5 Wenn alle Körperteile an den richtigen Stellen sind, kannst du dich an die Ausarbeitung machen. Zeichne die einzelnen Finger ein, gib den Augen eine schöne Form (achte für einen überraschten Ausdruck auf den Abstand der Iris zum Rand) und füge Augenbrauen und Linien auf den Wangen hinzu.

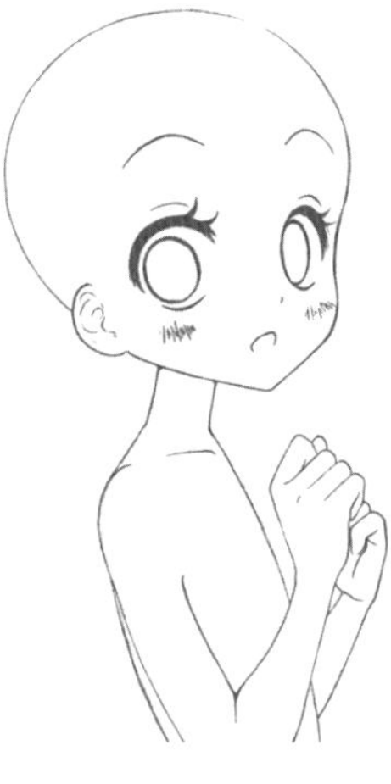

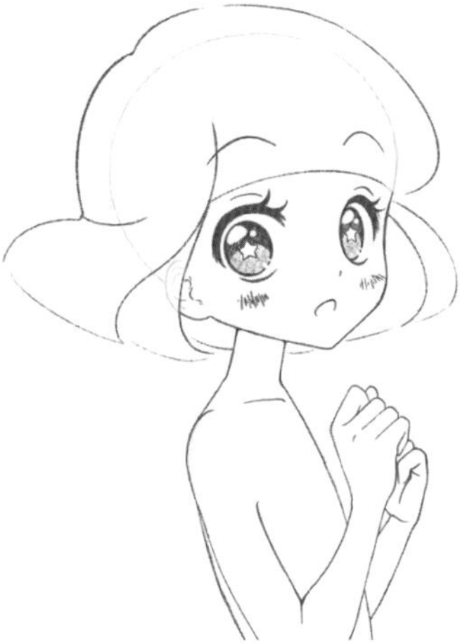

SCHRITT 6 Skizziere dann die grobe Form der Haare. Diese sollten besonders viel Schwung nach außen haben, weil das die Überraschung im Ausdruck nochmal verstärkt. Du kannst auch schon einmal den Augen etwas mehr Leben verleihen und Sternchen als Pupillen sowie Lichtreflexe und Schatten einzeichnen.

SCHRITT 7 Mit runden, geschwungenen Linien kannst du nun beginnen, die Haare weiter aufzuteilen. Lasse dabei alle Bögen in die gleiche Richtung laufen und achte auf unterschiedliche Abstände und Längen bei den einzelnen Bereichen der Haare. Wenn du sie unten „offen“ lässt, wirken sie noch leichter!

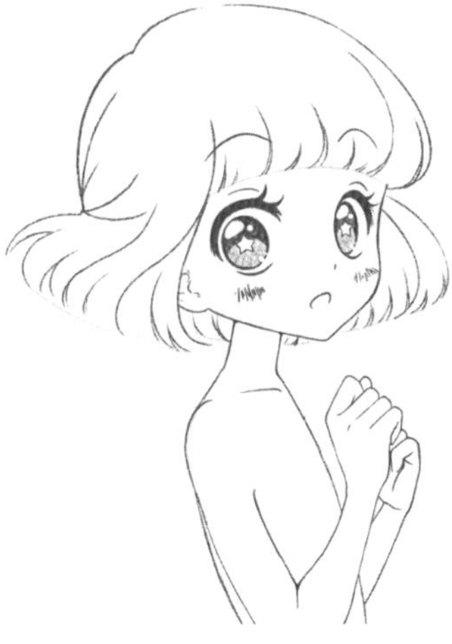

SCHRITT 8 Wenn du möchtest, kannst du die Haare noch detaillierter machen und noch weitere dünne Strähnen hinzufügen. Das bietet sich vor allem am äußeren Rand der Haare an, da sie dadurch noch lebendiger aussehen.

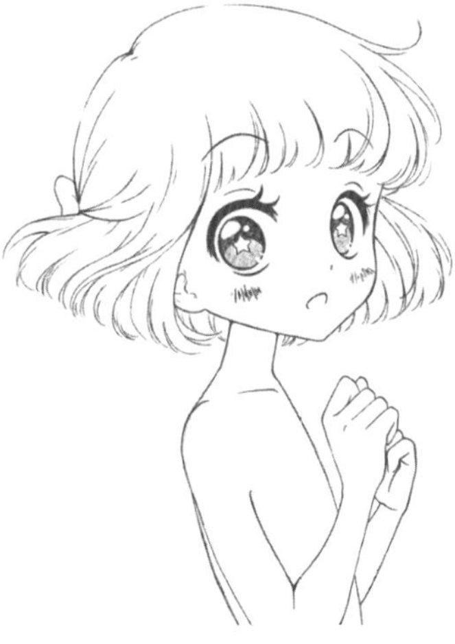

SCHRITT 9 Für die grobe Form der Kleidung kannst du das Oberteil in einzelne Bereiche aufteilen: Ärmel, oberer Bereich mit Ausschnitt und der untere Bereich, der lockerer nach unten fällt.

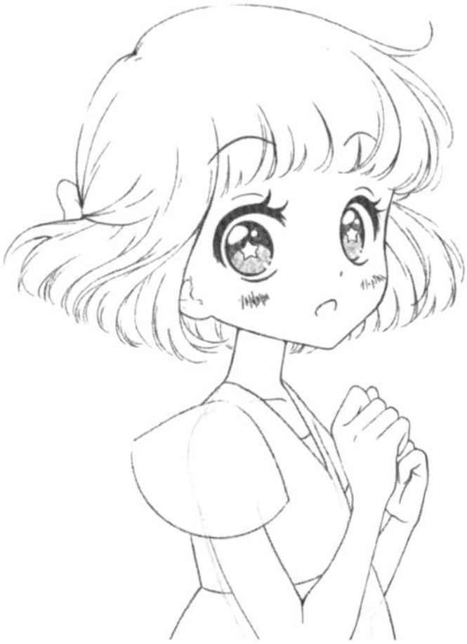

SCHRITT 11 In diesem Fall kommt das Licht von oben rechts, weshalb du auf der linken Seite der Figur sowie unterhalb des Kopfes und der Haare Schatten einzeichnen solltest. Auch den Augen kannst du mit zusätzlichen Schatten noch mehr Tiefe verleihen. Eine dickere Kontur um die Figur herum hilft außerdem, sie noch mehr vom Hintergrund abzuheben.

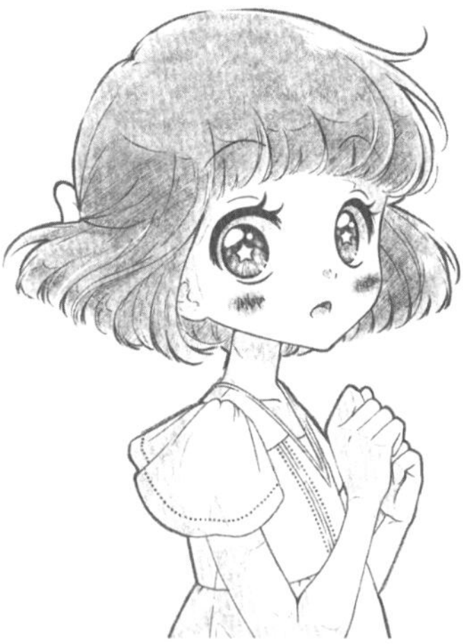

SCHRITT 10 Füge jetzt Details wie Nähte und Falten hinzu. Auch Muster machen sich gut bei Kleidung, hier zum Beispiel eine Reihe aus Punkten an den Ärmeln und am oberen Teil der Bluse. Falten befinden sich vor allem dort, wo die Ärmel und der untere Teil angenäht sind.

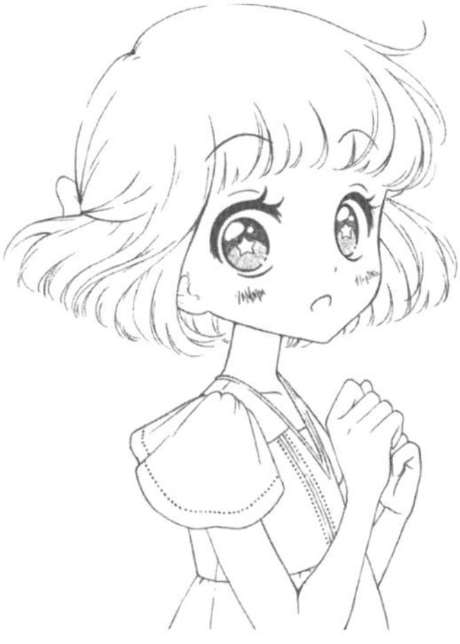

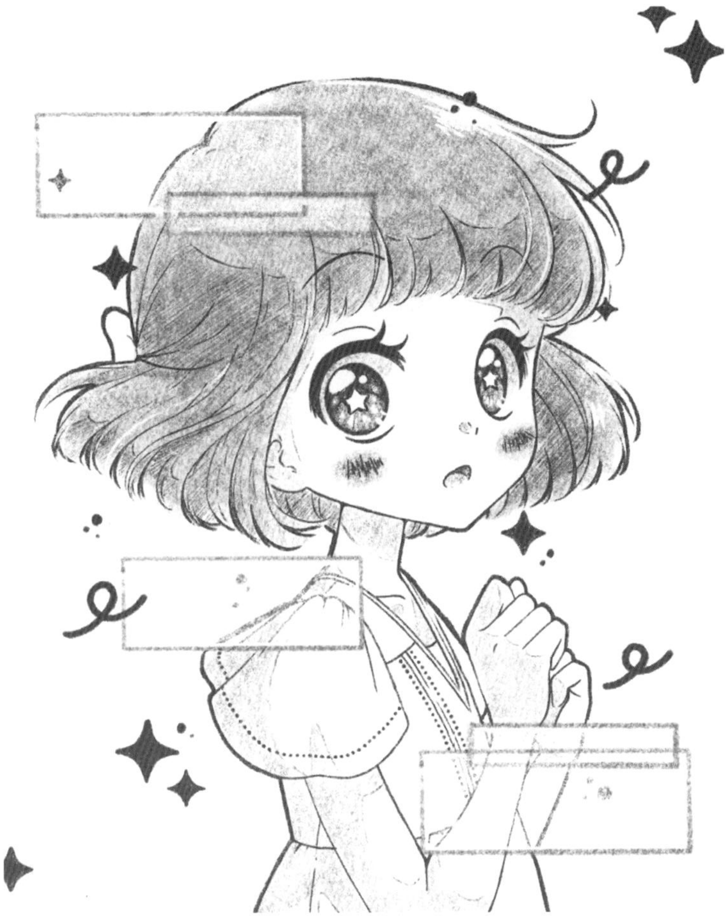

SCHRITT 12 Ein leicht zu zeichnender Hintergrund sind Sternchen, Kringel und Punkte. Außerdem kannst du noch Kästchen über die Figur zeichnen und die Stellen hinter ihnen etwas heller machen – das erinnert dann an Panels in einem Manga!

3

BEISPIELE UND INSPIRATION

In diesem Kapitel findest du eine Reihe von Beispielzeichnungen und Ideen, die zum Thema des Buches passen. Du kannst sie als Vorlage nehmen, zur Übung abzeichnen oder zu eigenen Kreationen abwandeln. Mangas lassen sich in vielen unterschiedlichen Stilen zeichnen, also schau dir die Zeichnungen an überlege, welche dir davon am besten gefallen und warum. Damit machst du bereits den ersten Schritt, um deinen eigenen Stil zu finden.

ZEICHENSTUDIEN

Um besser im Zeichnen zu werden, sind Zeichenstudien ein guter Weg. Das klingt erstmal langweilig, kann aber richtig Spaß machen. Du kannst entweder reale Menschen und Objekte als Vorlage benutzen oder dir deinen Lieblingsmanga oder -anime raussuchen und die Charaktere dort als Referenz nehmen. Zeichne dabei am besten nicht einfach 1:1 jede Linie nach, sondern versuch zu verstehen, wie die Zeichnungen aufgebaut sind: Zeichne die Figur also zum Beispiel zuerst ohne Haare und Kleidung, oder versuche nachzuvollziehen, wie die Falten eines bestimmten Shirts funktionieren. Solltest du deine Zeichnungen online posten, gib aber immer an, dass du eine Vorlage benutzt hast – das gehört einfach zum guten Ton.

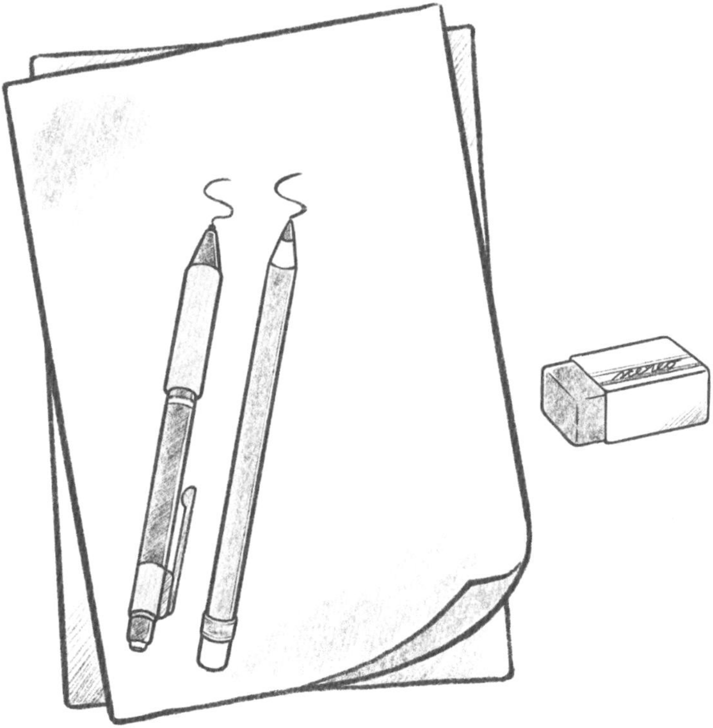

AUGEN

Hier findest du verschiedene Augenpaare, aus denen du das aussuchen kannst, das am besten zu deinem Charakter passt. Form und Größe der Augen beeinflussen enorm die Wirkung deiner Figur.

NEUTRAL

Diese Augen eignen sich für alle Charaktere, die nicht besonders auffällig sein sollen oderd bei denen die Aufmerksamkeit auf einem anderen Merkmal der Figur liegt. Je nachdem, ob du noch einzelne Wimpern hinzufügst oder die Augen runder bzw. eckiger machst, passen sie eher zu weiblich oder männlich wirkenden Charakteren.

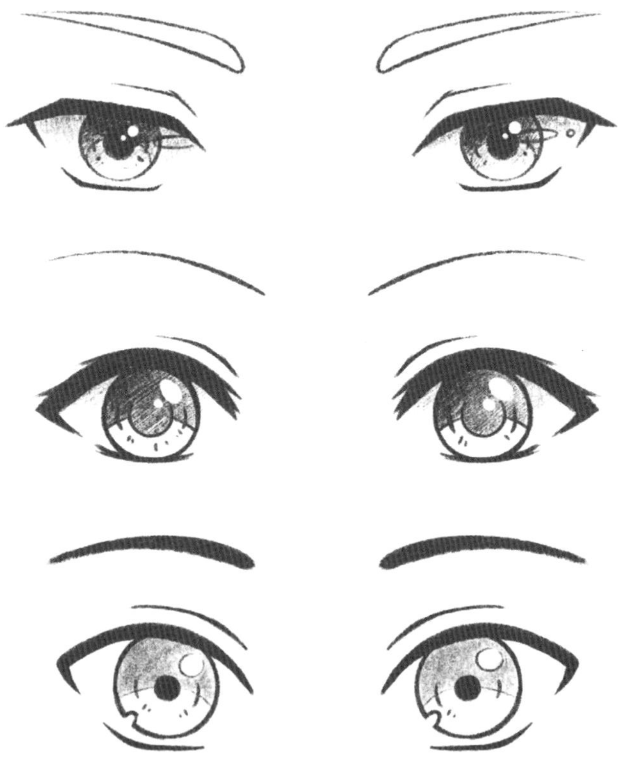

NIEDLICH

Wenn dein Charakter besonders cute sein soll, braucht er große, strahlende Augen. Die Iris sollte vollständig zu sehen sein und du brauchst hier nicht an den Lichtreflexen sparen. Eine runde oder ovale Form eignet sich für solche Augen am besten.

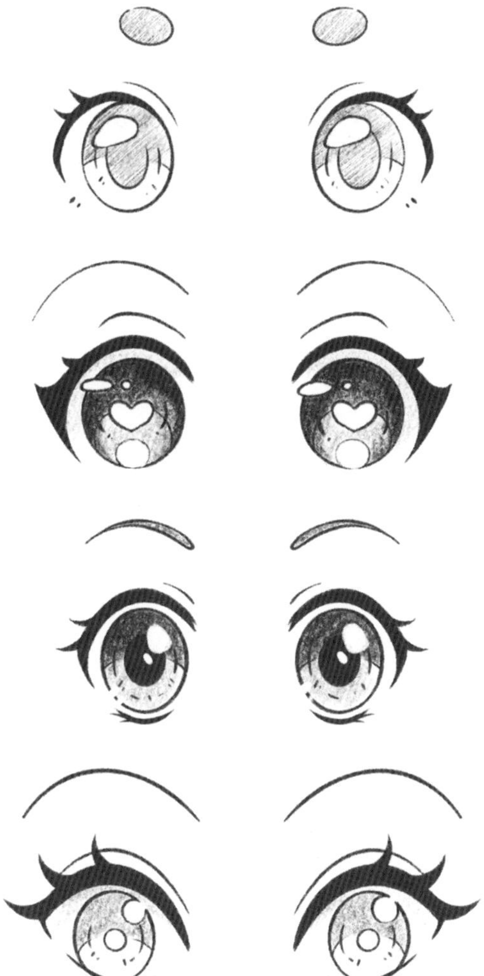

UNSCHULDIG/SANFT

Für Figuren, die niemandem auch nur ein Haar krümmen können, sollten die Augen leicht nach außen gekippt sein, der innere Augenwinkel also höher liegen als der äußere (gerade ausgerichtete Augen sind auch möglich). Hier solltest du keine harten Linien benutzen, sondern weiche und geschwungene Striche zeichnen.

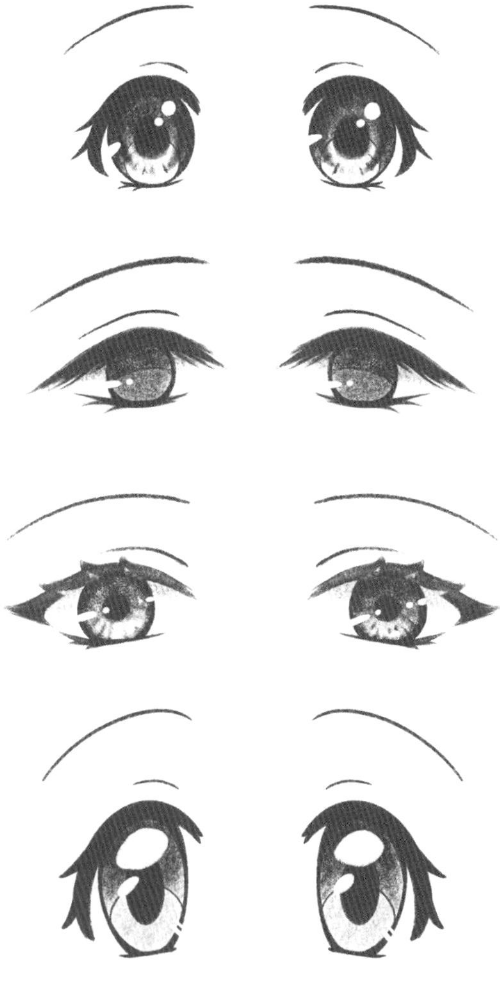

VERFÜHRERISCH

Besonders verführerisch wirken Augen, wenn sie leicht schräg nach innen gekippt sind, der innere Augenwinkel also niedriger liegt als der äußere. Die Iris sollte außerdem etwas verdeckt sein. Lange Wimpern verstärken den verführerischen Eindruck noch mehr.

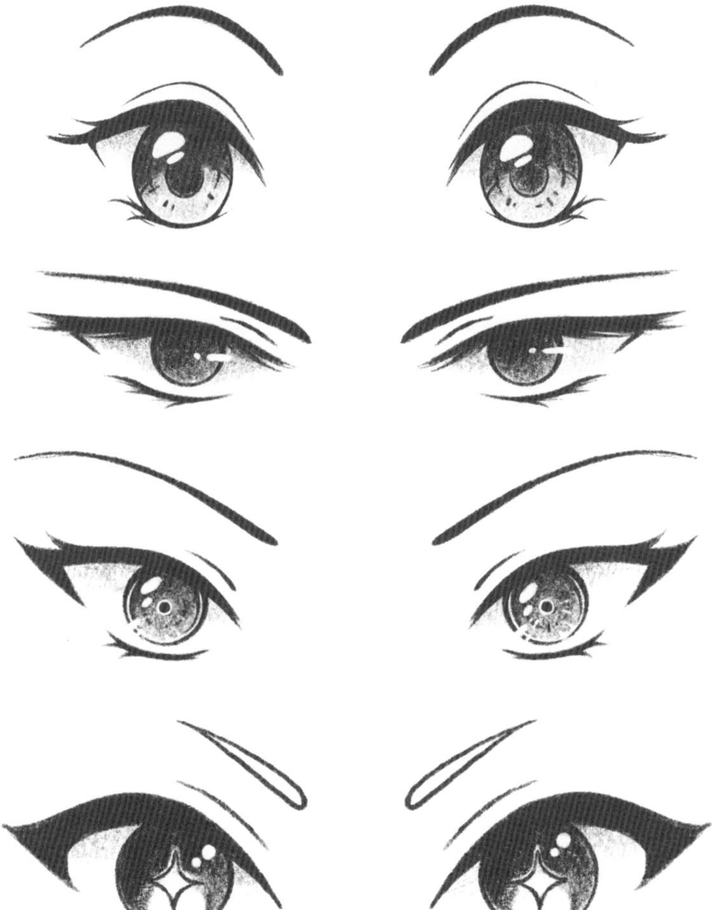

GEHEIMNISVOLL

Für mysteriöse, coole oder abgebrühte Figuren eignen sich schmale Augen am besten. Die Iris sollte dabei leicht verdeckt sein und die Augenbrauen nah an den Augen liegen. Die Augen können außerdem halb geschlossen sein.

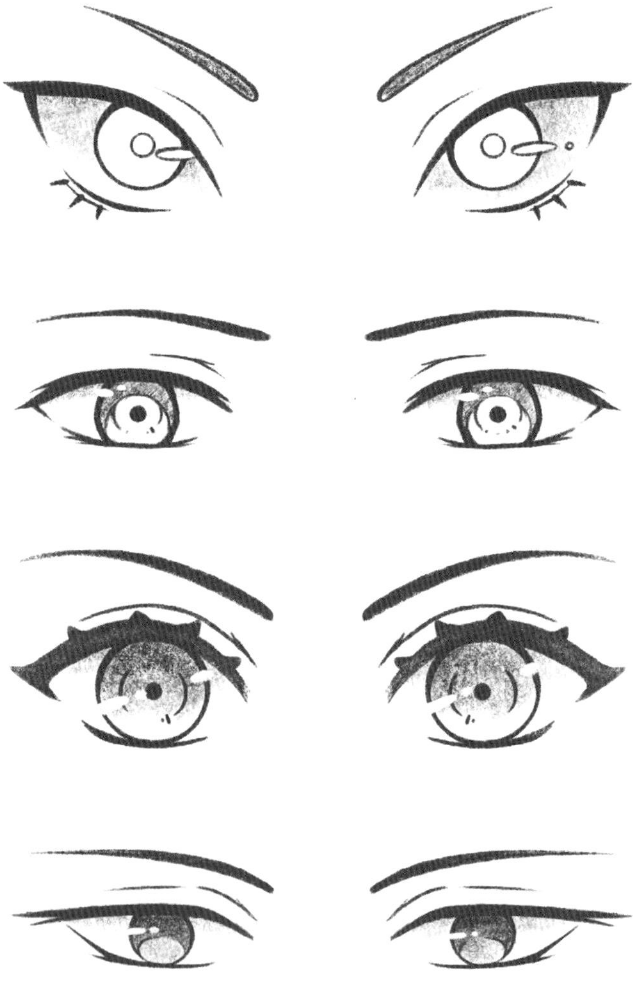

VERRÜCKT

Um einen verrückten oder wahnsinnigen Charakter zu zeichnen, kannst du die Pupille leer bzw. weiß lassen. Die Augenform kann hier etwas seltsam sein, möglicherweise sind die Augen halb geschlossen oder aber auch weit aufgerissen.

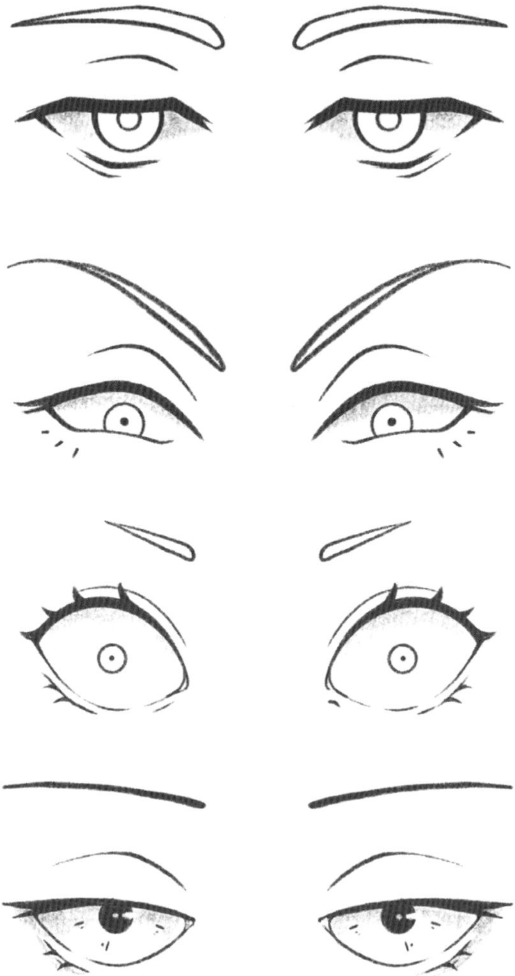

WINKEL DES KOPFS

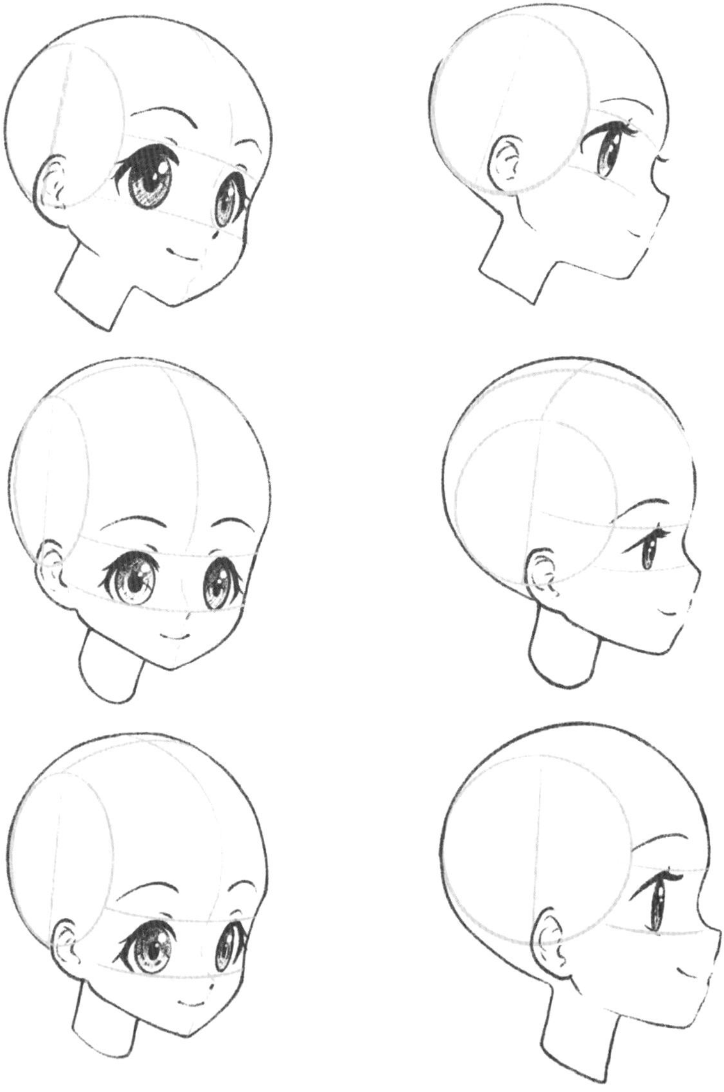

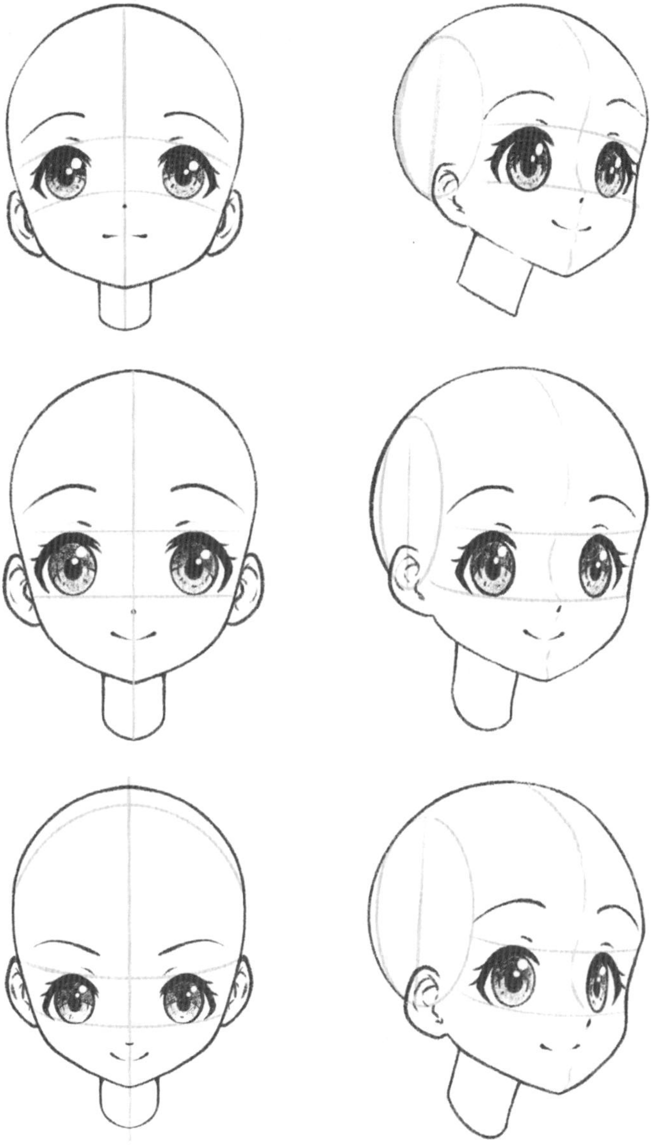

CHARAKTERE

Auf den nächsten Seiten findest du eine Übersicht verschiedener Charaktere als Inspiration. Bei den Beschreibungen geht es vor allem um den ersten Eindruck, den man von der Person erhält – natürlich kann sich das tatsächliche Wesen auch komplett vom Äußeren unterscheiden.

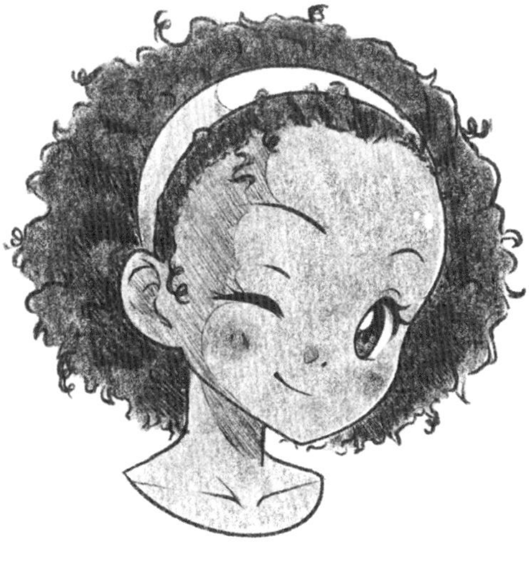

AUFGEWECKT

Mit offenen, strahlenden Augen und einem positiven Gesichtsausdruck verleihst du deiner Figur einen neugierigen und energetischen Ausdruck. Lockige Haare wirken dabei dynamisch und unterstützen die Wirkung.

KÜHL

Soll deine Figur kühl oder sehr in sich gekehrt wirken, eignen sich schmale Augen und ein neutraler Gesichtsausdruck. Auch der Haarschnitt gibt oft Hinweise auf die Persönlichkeit: Sehr glatte, gerade geschnittene Haare wirken geordnet. Weiß, blau oder eine andere helle, kühle Farbe können das Bild noch zusätzlich verstärken.

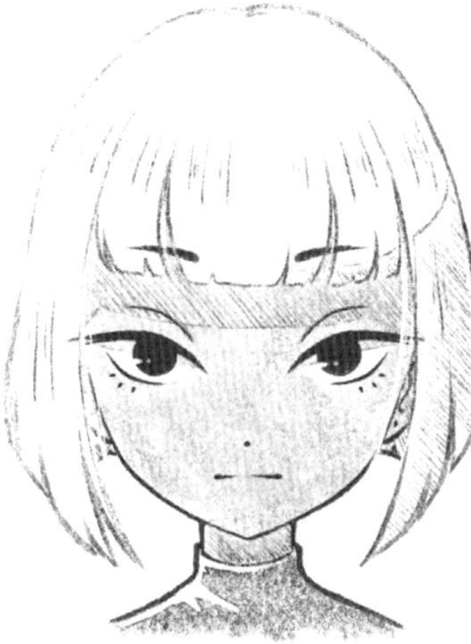

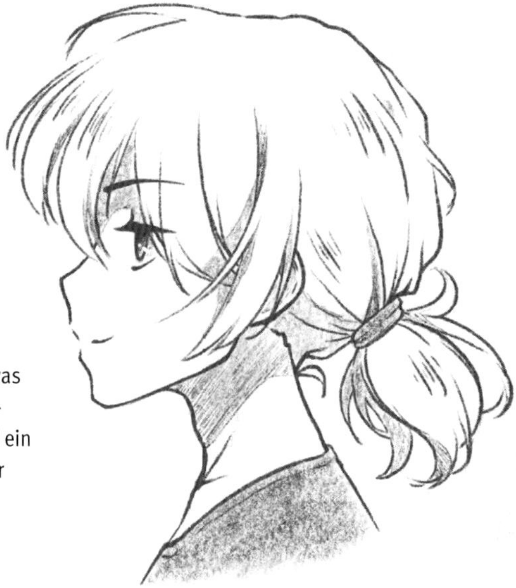

GELASSEN

Ein Charakter, den nichts aus der Ruhe bringen kann und der alles nicht ganz so ernst nimmt, lässt sich gut darstellen, indem man sich überlegt, wie eine solche Figur vielleicht ihre Haare tragen würde: Da ihr ein geordnetes Auftreten nicht so wichtig ist, sind die Haare möglicherweise etwas länger und unordentlich zusammengebunden. Halbgeschlossene Augen und ein leichtes Lächeln wirken zusätzlich sehr entspannt.

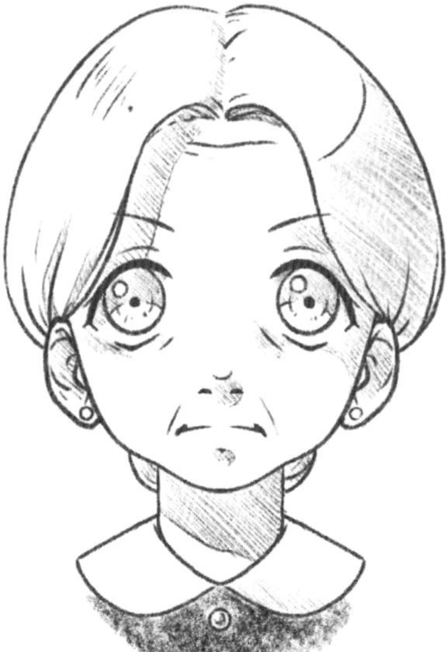

ERNST

Für eine ernste Figur eignet sich natürlich am besten ein ernster Gesichtsausdruck: Die Mundwinkel zeigen nach unten und die Augenbrauen sind leicht angewinkelt. Wahrscheinlich nimmt der Charakter auch sein Auftreten sehr ernst: Diese ältere Dame hat beispielsweise die Haare ordentlich nach hinten gebunden, trägt Schmuck und einen ordentlichen Kragen.

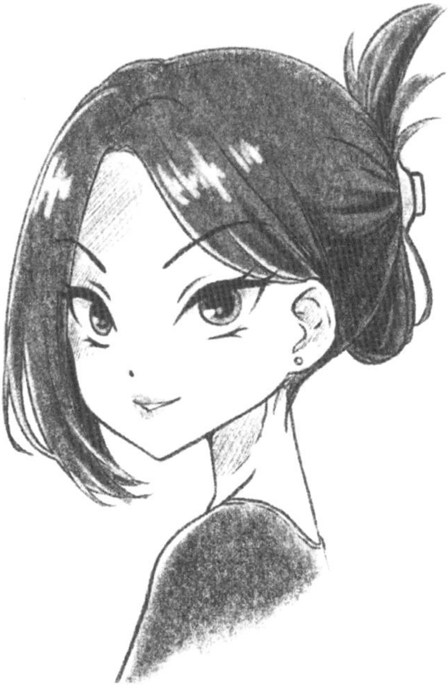

VERFÜHRERISCH

Eine Person, die andere gern um den Finger wickelt, achtet oft sehr auf ihr Äußeres: Daher eignen sich Make-Up und Accessoires gut, um diesen Charaktertyp darzustellen. Lange Wimpern und nach innen gekippte Augen und Augenbrauen gehören auch mit dazu.

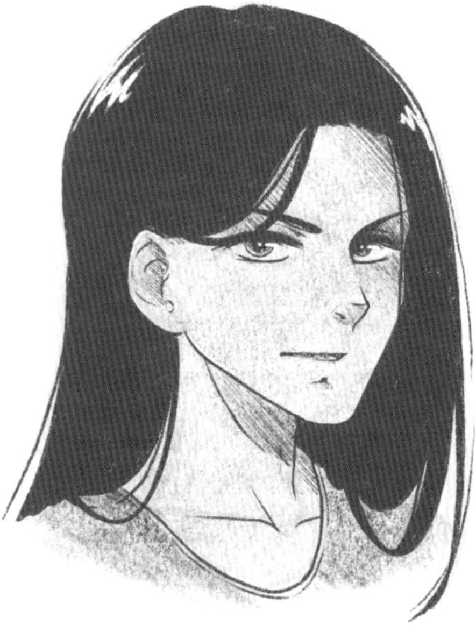

MYSTERIÖS

Für einen undurchschaubaren Charakter eignen sich schmale, dunkle Augen und dunkles Haar sehr gut. Außerdem wird die Figur wahrscheinlich wenig Emotionen zeigen, damit man ihre wahren Intentionen nicht erkennen kann.

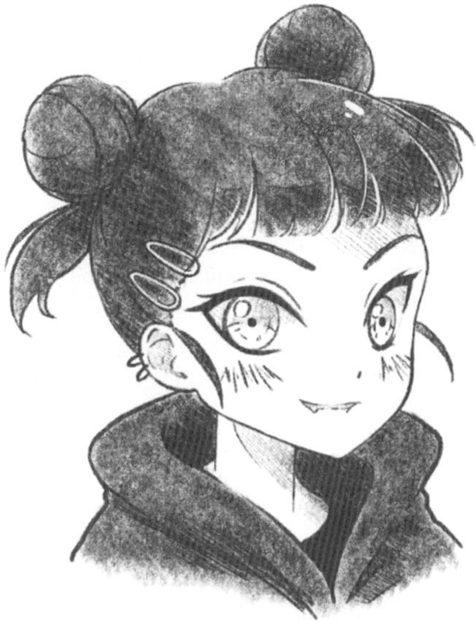

FRECH

Eine freche Person hält wahrscheinlich nicht viel von Konventionen und hat keine Bedenken dabei, einen individuellen Kleidungsstil zu tragen. Nach innen gekippte Augen, ein freches Lächeln und ein kleiner, sichtbarer Eckzahn verstärken den Eindruck noch zusätzlich.

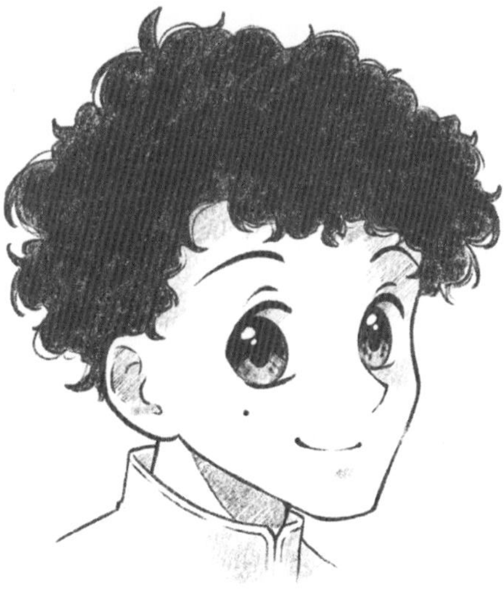

SORGLOS

Eine Person, die keiner Fliege etwas zu Leide tun kann und immer gut gelaunt ist, hat dementsprechend auch stets ein Lächeln im Gesicht. Große Augen und hochgezogene Augenbrauen verstärken den unschuldigen Ausdruck. Kleine Details wie Muttermale können außerdem helfen, deiner Figur noch mehr Individualität zu verleihen.

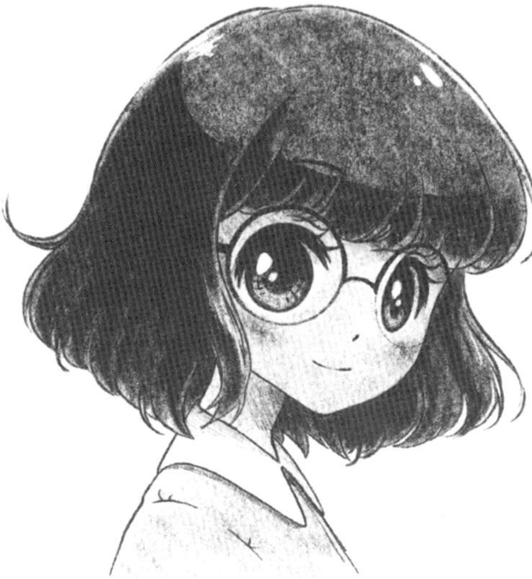

STILL

Eine ruhige und sanfte Person, die vielleicht auch noch etwas schüchtern ist, zeigt wahrscheinlich nach außen nur leichte Emotionen, die dafür aber sehr ehrlich sind. Ein sanftes Lächeln und weiche Haare unterstützen dieses Bild.

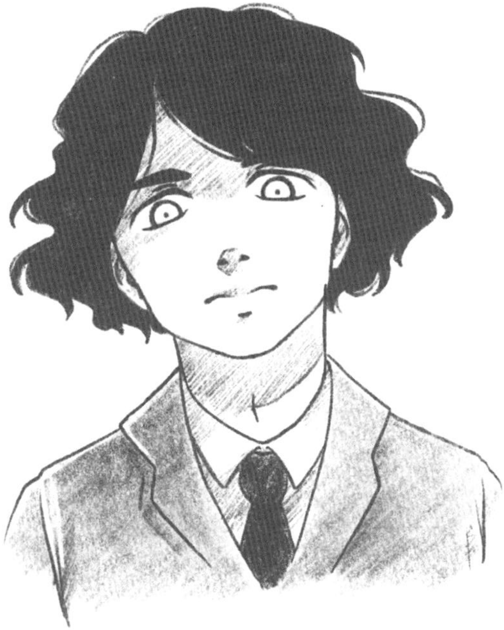

ÜBERHEBLICH

Eine Person, die viel von sich hält, schaut wahrscheinlich gern auf andere herab – und das kannst du genau so zeichnerisch umsetzen. Schmale Augen und ein kalter Blick passen super zu solchen Persönlichkeiten, ebenso wie teure Kleidung und Accessoires.

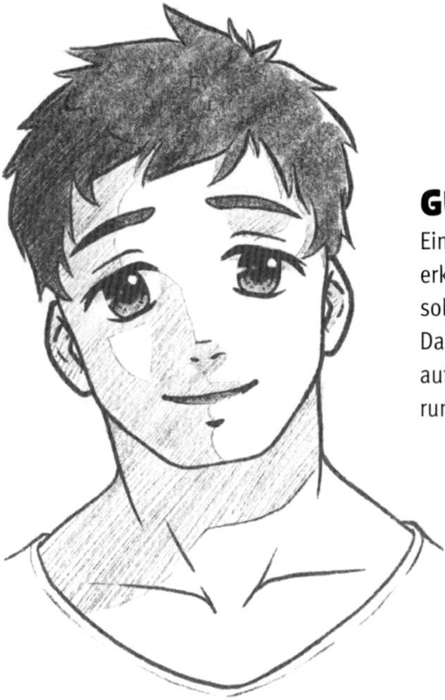

GUTHERZIG

Einen guten und warmherzigen Charakter erkennt man vor allem an den Augen: Sie sollten möglichst offen und sanft wirken. Dabei kann es helfen, wenn du sie nach außen kippst. Ein freundliches Lächeln rundet dann das Gesamtbild ab.

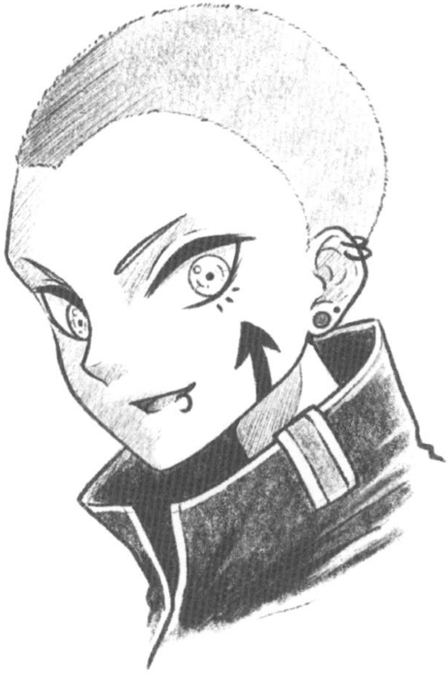

BADASS

Jemand, der gern Ärger macht, legt wahrscheinlich auch nicht so viel Wert auf gesellschaftliche Konventionen, was sich auch am Äußeren der Person festmachen lässt. Ein frecher bis leicht aggressiver Gesichtsausdruck passt gut zu solch einer Person, und sehr kurze, abrasierte Haare unterstützen das Bild zusätzlich.

KÖRPERSPRACHE

Abschließend findest du hier noch Beispiele, wie es aussehen kann, wenn du den Körper mit in deine Darstellung von Emotion einbeziehst. Diese Zeichnungen sind alle etwas fortgeschrittener, können aber Inspiration dafür sein, wo deine zeichnerische Reise noch hingehen kann.

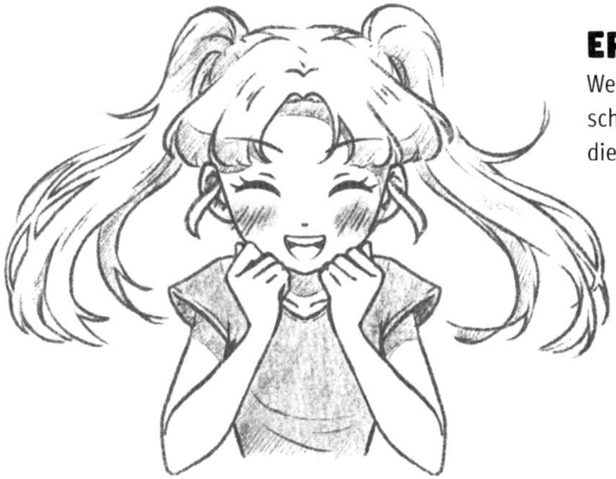

ERFREUT

Wenn eine Person sehr glücklich ist, schreit oder kreischt sie vor Freude: die Hände sind zum Gesicht angehoben, die Augen glücklich geschlossen und die Schultern nach oben gezogen. Bewegung in den Haaren, die hier nach außen fliegen, unterstützt den Eindruck zusätzlich.

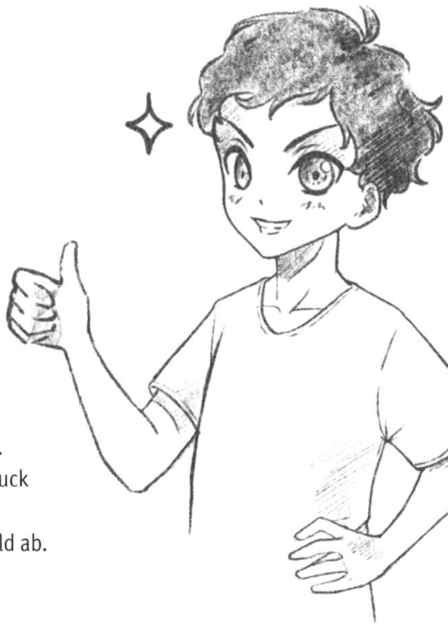

SELBSTBEWUSST

Eine selbstsichere Person steht aufrecht und gerade dem Betrachter zugewandt – sie hat nichts zu verbergen und einen festen Stand. Ein entschlossener Gesichtsausdruck mit einem breiten Grinsen und ein Daumen nach oben runden das Bild ab.

BESSER-WISSERISCH

Hier sind die Arme zu den Seiten ausgebreitet, um dadurch mehr Raum einzunehmen, und der Kopf ist angehoben, damit der Blick nach unten auf das Gegenüber gerichtet werden kann.

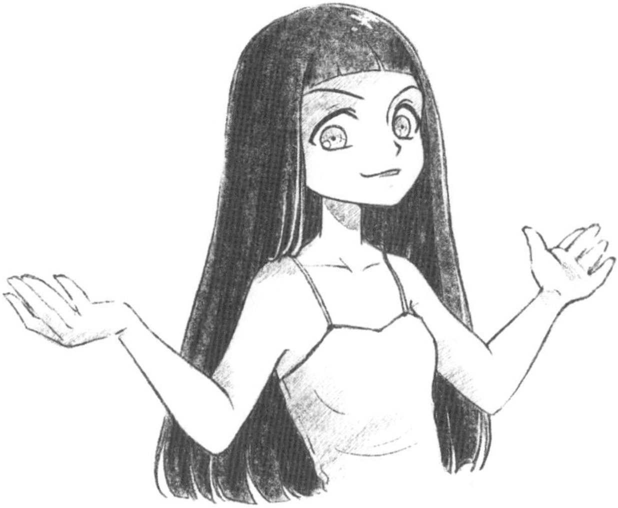

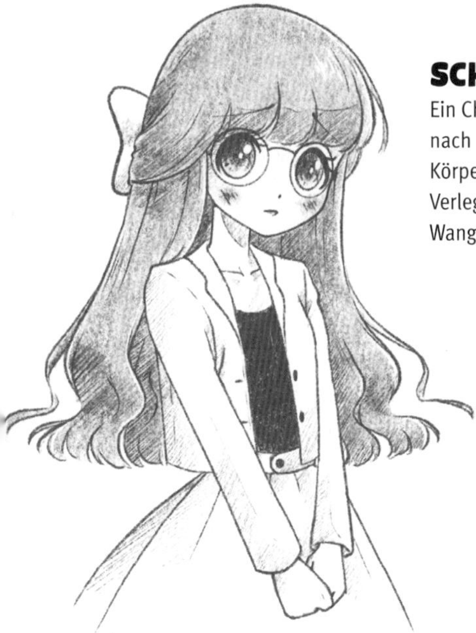

SCHÜCHTERN

Ein Charakter, der nicht auffallen möchte, hat den Kopf nach unten geneigt und die Arme höflich vor dem Körper verschränkt. Möglicherweise ist er auch leicht in Verlegenheit zu bringen: Das kannst du mit erröteten Wangen darstellen.

TIPP

Wenn du eine sehr selbstsichere oder extrovertierte Person darstellen willst, lasse ihren Körper mehr Platz einnehmen: Zum Beispiel durch ausgebreitete Arme, einen breiten Stand oder voluminöse Haare. Zurückhaltende, schüchterne Personen werden so wenig Raum wie möglich beanspruchen: Also zum Beispiel die Arme nah am Körper lassen oder den Kopf senken.

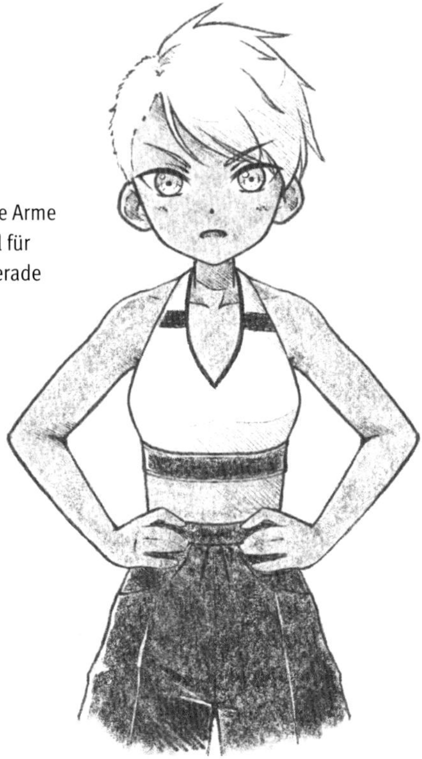

VERÄRGERT

In die Seiten gestemmte Arme sind ein Paradebeispiel für eine Person, die sich gerade über etwas aufregt.

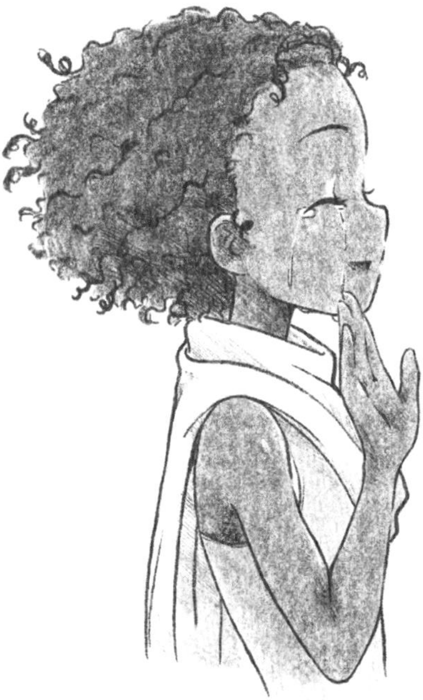

GEMISCHTE GEFÜHLE

Es kann auch passieren, dass sich Gefühle überschneiden: Diese Person könnte zum Beispiel glücklich und erleichtert zugleich sein, jemanden wiederzusehen – so sehr, dass ihr dadurch die Tränen kommen, obwohl sie ein Lachen im Gesicht trägt.

EIN PAAR WORTE ZUM SCHLUSS

Vielen Dank, dass du diesen ersten Band von „Pocketbooks: Manga Sketching" gelesen hast. Ich hoffe, du konntest viel daraus lernen und hast Lust bekommen, deine eigenen Charaktere zu entwerfen und ihre ganze Bandbreite an Emotionen darzustellen.

Wenn du einen Blick hinter die Kulissen bekommen und sehen möchtest, wie zum Beispiel dieses Buch hier entstanden ist, schau doch gern bei mir auf Youtube (Chiana) oder Instagram (@chiana.art) vorbei. Dort teile ich mein Leben als Zeichnerin und gebe auch Tipps und Ideen rund um die Themen Kunst und Kreativität.

Während ich die Zeichnungen für dieses Buch gemacht habe, war ich viel unterwegs – zum Beispiel in Zügen und auf Conventions. Ich habe die Angewohnheit, beim Zeichnen von Emotionen automatisch den Gesichtsausdruck der Figur nachzumachen, die ich gerade zeichne. Falls du mich also auf einer Veranstaltung gesehen hast, auf der ich wütend auf mein iPad gestarrt habe … Jetzt kennst du den Grund.

Und jetzt wünsche ich dir ganz viel Spaß beim Zeichnen!

Deine Chiana

BUCHEMPFEHLUNGEN

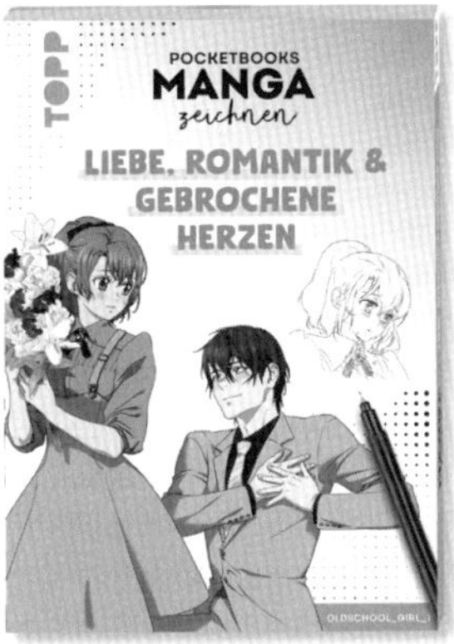

ISBN 978-3-7358-8156-4

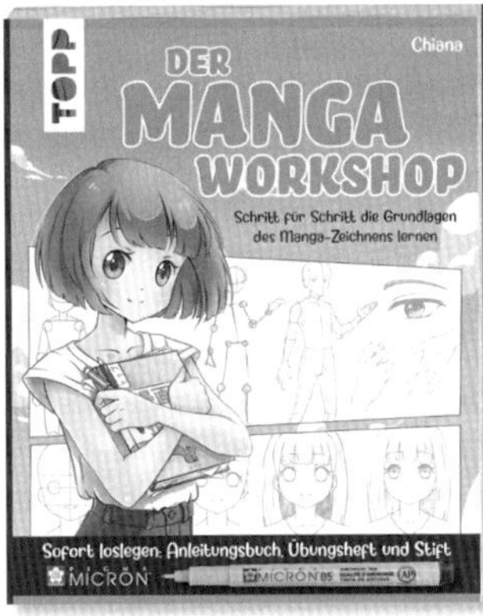

ISBN 978-3-7358-8050-5

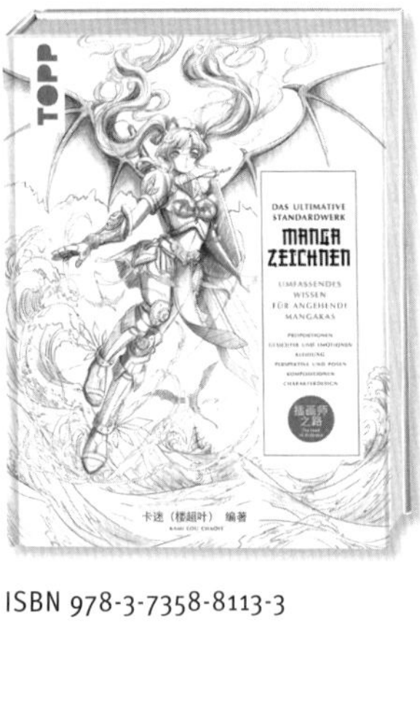

ISBN 978-3-7358-8113-3

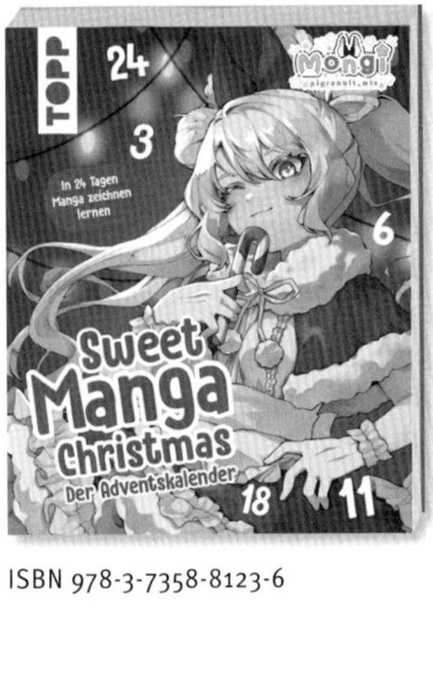

ISBN 978-3-7358-8123-6

Noch mehr Kreativ-Bücher findest du auf www.TOPP-kreativ.de

#TOPPprojekt

Die eigene Kreativität zeigen: TOPPprojekt mit anderen Kreativen teilen und Teil der Gemeinschaft werden.

DIY-begeistert und auf Instagram? Dann unbedingt mitmachen! Hier gibt's Tipps und Feedback zu den eigenen Projekten. Außerdem verlosen wir jeden Monat ein Überraschungspaket. Um am Gewinnspiel teilzunehmen, einfach ein Bild vom Kreativ-Projekt aus unseren Büchern mit #TOPPprojekt posten und unserem Account @frechverlag folgen. Mehr Infos auf TOPP-kreativ.de/TOPPprojekt

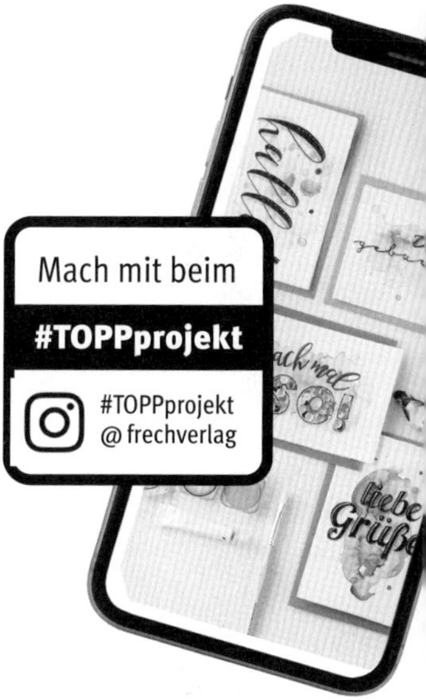

Webseite

Auf TOPP-kreativ.de gibt es ein riesiges Angebot von über 1.000 Kreativbüchern, Sets und mehr zu entdecken.

Newsletter

Immer als Erstes von unseren Neuheiten und Sonderaktionen erfahren: TOPP-kreativ.de/newsletter

Instagram

@frechverlag

Pinterest

pinterest.com/frechverlag

Facebook

facebook.com/frechverlag

DigiBib

Hier gibt es zusätzlich zu einigen unserer Bücher digitale Extras, wie Video-Tutorials, Plotter-Dateien, Vorlagen, Übungsblätter und vieles mehr. Einfach im Impressum eines TOPP-Buchs nachschauen, ob dort ein Code vorhanden ist, und exklusive Inhalte freischalten. TOPP-kreativ.de/digibib

Youtube

youtube.com/frechverlag

IMPRESSUM

ZEICHNUNGEN UND TEXT: Chiana

PRODUKTMANAGEMENT UND LEKTORAT:
Iris Stegmanns

COVER: Eva Hook

LAYOUT: Petra Theilfarth

DRUCK: Drukarnia Interak Sp. z o.o.

ACHTUNG!

Dieses Buch ist aufgebaut wie ein klassischer japanischer Manga und wird von rechts nach links gelesen, dies ist also die letzte Seite. Das Buch beginnt „hinten"!

1. Auflage 2024

ISBN 978-3-7358-8155-7 • Best.-Nr. 28155

MIX
Papier | Fördert gute Waldnutzung
FSC® C015559

Penguin Random House Verlagsgruppe
FSC® N001967

Die DigiBib – Alle Updates für dich
Hier findest du alle aktuellen Infos zu deinem Produkt, außerdem Extras, Videos, Vorlagen und mehr!
www.topp-kreativ.de/digibib
Freischaltcode: 57544